青弓社
93
ライブラリー

まぼろしの「日本的家族」

早川タダノリ［編著］

青弓社

まぼろしの「日本的家族」　目次

装画——谷口健雄［『学習絵本ヨイ一年生』所収、大日本雄弁会講談社、一九四〇年］
装丁——Malpu Design［清水良洋］

はじめに

早川タダノリ

どうも最近、政治家が勝手な「家族」モデルを押し付けてくると思いませんか？

二〇一二年四月に自民党が発表した「日本国憲法改正草案」では、第二十四条として

家族は、社会の自然かつ基礎的な単位として、尊重される。
家族は、互いに助け合わなければならない。

という一文が新たに加えられ、婚姻などについても大きな意味を持つ変更が加えられていました。家庭生活での個人の尊厳と両性の平等をうたう現行「日本国憲法」第二十四条の改悪が大きな軸として掲げられていたのです（本書の第7章「憲法二十四条改悪と「家族」のゆくえ」〔角田由紀子〕を参照）。

この改憲機運を進めるために二〇一五年に結成された日本会議系の大衆運動団体「美しい日本の

憲法をつくる国民の会」もまた、「戦後の憲法によって、日本の伝統的家族は破壊された」と繰り返し訴え、「国民の共同体としての国家」「共同体としての家族」、ひいては「家族国家」の理念を復活させ、憲法に盛り込むことを主張しています（第2章「右派の「二十四条」「家族」言説を読む」〔能川元一〕を参照）。

二〇一七年秋の総選挙で自民党は、北朝鮮（朝鮮民主主義人民共和国）の核ミサイルの「脅威」と並べて「少子化」を〝国難〟と呼び、〈国難を打開する自民党〉を前面に押し出しました。これと軌を一にして、安倍晋三政権は「少子化対策」を旗印に、家族や結婚などの個人生活に対して政策的に強く介入しようともしています（第3章「バックラッシュと官製婚活の連続性――「女性活躍」の背後で剝奪されるリプロダクティブ・ヘルス／ライツ」〔斉藤正美〕、第4章「税制と教育をつなぐもの」〔堀内京子〕を参照）。

特に、現在、自民党が主導して進めている「家庭教育支援法案」（第5章「家庭教育への国家介入の近代史をたどる」〔奥村典子〕を参照）では、「社会の基礎的な集団である家族が共同生活を営む場である家庭において、父母その他の保護者が子に社会との関わりを自覚させ、子の人格形成の基礎を培い、子に国家及び社会の形成者として必要な資質が備わるようにすることができるよう環境整備を図ること」(1)といった、〈国家の基礎単位〉としての家族というイデオロギーが法的に貫徹されようとしているのです。

では、彼らがどのような「家族」形態を理想とし、それを実現しようとしているのか――本書では、現在、安倍政権が進めている「家族」政策や税制、日本の家族制度や戸籍制度の歴史、さらに現在の改憲イデオロギーを総合的に組み立て、敗戦前から現在までの日本の「家族」をめぐる諸相を追っています。

〈家族の崩壊は、国家崩壊の危機だ〉という言説は、戦後では昭和民法制定の頃から社会的に流布してきましたが、二〇〇〇年代の「ジェンダーフリー」（性差にとらわれない生き方）バッシングの時期からより声高に訴えられるようになりました。とりわけ、「男女平等で性差がなくなる」（？）と家族は崩壊し、その家族のもとに成り立つ国家も砂のように崩れてしまう……という骨組みでの「家族」論を、右派論者たちは繰り返しています。家族と支配秩序を直結させるこの発想は必ずしも新しいものではありませんが、現代では、さらに屁理屈に磨きがかかってきていると思います。

例えば、産む／産まないの自己決定権の主張に対して「それは社会を壊す」「現在の家族崩壊の状況を見てみろ」と言われると、それらがあたかも説得力をもっているように人々に受け取られてしまっています。

立ち止まって考えてみる必要があるのは、まずもって「家族崩壊」はホントなのだろうか、ということです。このような概念が登場したときに、私たちは身近な具体例や経験に引き寄せてそれを理解しがちです。「離婚が増えた」「食卓をともにすることが少なくなった」「老親の介護でもめる」など……こうしたすぐに思いつく実感のようなものから、メディアで言われている「家族崩壊」に納得してしまってはいないでしょうか。

そもそも、「崩壊」というからには、かつては存在していた「家族」が壊れたことを意味します。

うか。

では、どのような「家族」のかたちを理念型にしているのか——ここから問い直してはどうでしょ

というのも、歴史的にだけではなく階級・階層、さらにエスニシティー（民族性）はもちろん、個別家庭の経済状態によってでも日本の「家族」のあり方は千差万別だからです（第6章「在日コリアンと日本人の見えにくい「国際」結婚の半世紀」〔りむよんみ〕を参照）。

近代以降の日本の「家族」が直面した諸問題を挙げていけばきりがありませんが、例えば〈子どもの人身売買〉というイシューだけを見ても、一九五〇年代まで漁村や農村でそれはおこなわれていたことが明らかになっています。[2]

しかし右派論者たちにとっては、人々が現実に直面しているおそろしく多様な「家族」を維持することの困難さは、まるで眼中にないかのようです。

彼らが思い描く「家族」の理想像は、「サザエさん」一家だったり[3]、「昭和三十年代の「三丁目の夕日」」[4]、「同じ屋根の下で家族みんなで食事をすること」[5]などのような都市のホワイトカラー層の生活様式を——それも「三世代同居」を強調しながら——原型としているようです。けれども前二者はフィクションですし、三つ目も出どころが怪しいものでした（第1章「「日本的家族」のまぼろし」〔早川タダノリ〕を参照）。

こうした〈日本的家族〉像を形成していく言説を読み解く際には、歴史的に存在した家族のさまざまなあり方について考察するだけではなく、その言説を語る者の個人的な記憶や情緒をもとにしたイデオロギーではないかということも見ておく必要があります。

教育学者の広田照幸はその著書『日本人のしつけは衰退したか』で、「最近の若い親は子どものしつけがなっていない」というよくある言説を検討し、「豊かな家庭できちんとしたしつけを受けて育ってきた者が多い学者や評論家といったたぐいの人たちが、「最近の母親は子供を甘やかしてけしからん」と非難する際も、時代的な変化であるよりもむしろ、実はこのようなしつけ態度の社会階層的差異を反映したものであるのかもしれない」[6]と述べています。

「家族」像をめぐる言説でも同じ現象が見られます。右派文化人たち――例えば憲法学者の百地章など――はなぜ『サザエさん』を日本的家族の理想としてチョイスすることができるのか。そこには「伝統」の看板を掲げた情緒はあっても、そうした家族形態が広く社会の主流をなしていたという歴史的な根拠はありません。自らの出身階層や個人的な願望が、そして改憲などの政治的意志が、「日本的家族」像には濃厚に投影されていると言えるでしょう。

というのも、右派知識人たちの家族言説では、「現在の家族の崩壊はＧＨＱ（連合国軍総司令部）が日本の美しい家族制度を破壊したから」あるいは「アメリカに押し付けられた日本国憲法が個人主義を蔓延させたから」――というところで奇妙な一致を見せているからです。

離婚率の増加や子どもへの虐待などさまざまな「家族の崩壊」エピソードを深刻な顔つきであげつらいながらも、いざその原因となると「ＧＨＱ」、その対策は「改憲して家族条項を付け加える」……って、あまりにも雑すぎるだろ！と私などはあきれてしまうわけです。どうも「家族の崩壊」キャンペーンが、なんらかの政治的動機のダシに使われているっぽい、と思ってしまいます。

「GHQ」や「日本国憲法」が日本の伝統的家族を破壊したというこうした言説は、実は「破壊」される前の、敗戦前までの日本の家族制度を美化することと表裏一体です。旧民法の「家」制度下で、例えば「女性は戸主でなければ財産も持てず、戸主の同意なしには銀行口座も作れなかった」といったような具体的事例には一切ふれることなく、「家族が仲睦まじく暮らしてきた日本人の姿」（櫻井よしこ）といったきわめて情緒的な修辞で語っているのが実情です。右派文化人の家族をめぐる著作のなかでは、「フェイク戦前」とも言うべき日本的家族のユートピアが流通しているのです。

それを「戦前回帰」と単純に特徴づけることはできません。本書を通じて明らかにするように、現在の右派的な「家族」理念は、敗戦前までに形成されてきた家族制度をめぐる倫理や道徳言説にその多くの起源をもち、またそれに依拠しています。

しかしその言説が果たす機能は、新自由主義的な「日本型福祉社会」論の精神主義的な補完物にほかなりません。伊藤公雄・京都大学名誉教授は、この構造を次のように整理しています。

日本の家族をめぐる政策は、旧来の国家秩序の基盤としての家族の保護という視座がいまだに維持され、かつ、（国家が本来担うべき）福祉領域の多くを家族に依存し、国家の負担を家族に押し付ける形で展開してきた。そのため、日本の戦後の家族政策は、政府の福祉負担をできるだけ軽減させる（実際の家族へのサポートを回避しながら、ケア領域の責任を家族＝女性に押し付ける仕組み）ために実行されてきた一方で、秩序形成の場としての精神論的家族イデオロギ

――（「家族は助け合うべき」はその典型だろう）だけが強調されてきたのである。(7)

右派による「家族」言説のあまりの復古ぶりに眼を奪われがちではありますが、彼らによる日本的家族形態の賛美は、例えば果てのない在宅介護・老老介護を余儀なくされて苦しんでいる現実の「家族」の実態を肯定することにしかなっていない。むしろ「そのままガマンしてがんばれ」とけしかける役割を果たしていることを、私は看過することはできません。

かつて家族国家論と結び付けておこなわれた日本的「家」制度の称揚は、総力戦体制構築のために社会や国民を統制しようとする政治的意図の外皮にほかなりませんでした。本書では紙幅の関係でふれることができませんでしたが、「日本の母」像の提示や日本的母性礼賛の言辞とは裏腹に、家父長制的ヒエラルキーと激しい女性差別のもとで膨大な数の女性たちが苦しめられてきた歴史を、私たちはあらためて想起する必要があるでしょう。

本書は、二〇一七年六月から十一月にかけておこなわれたＰＡＲＣ（アジア太平洋資料センター）自由学校での講座「まぼろしの「日本的家族」」での報告をもとにして、新たに書き下ろしたものです。本講座の実現に尽力してくださり、本書にまとめることを快諾してくださったＰＡＲＣスタッフのみなさんと、全講座に出席しながら本書の編集を担当してくださった青弓社の矢野未知生さんに、この場を借りてお礼を申し上げます。

注

（1）自民党の「家庭教育支援法案」草案にあった第二条第二項。のちに削除された。

（2）藤野豊『戦後日本の人身売買』（大月書店、二〇一二年）を参照。

（3）「美しい日本の憲法をつくる国民の会」制作のDVD『「世界は変わった 日本の憲法は？」〜憲法改正の国民的議論を〜』（総指揮・百田尚樹、監修・櫻井よしこ、百地章、二〇一七年）参照。

（4）伊藤哲夫／岡田邦宏／小坂実、「明日への選択」編集部編『これがわれらの憲法改正提案だ――護憲派よ、それでも憲法改正に反対か？』日本政策研究センター、二〇一七年、一七七ページ

（5）服部幸應（料理研究家）による「美しい日本の憲法をつくる国民の会」へのメッセージ「食卓崩壊は日本国憲法にあり」（https://www.facebook.com/kenpou1000/photos/a.1540048682875064.1073741828.1537881816425084/1671072279772703/?type=3&theater）［二〇一八年一月三日アクセス］。

（6）広田照幸『日本人のしつけは衰退したか』（講談社現代新書）、講談社、一九九九年、第六章

（7）伊藤公雄「イデオロギーとしての「家族」と本格的な「家族政策」の不在」、本田由紀／伊藤公雄編著『国家がなぜ家族に干渉するのか――法案・政策の背後にあるもの』（青弓社ライブラリー）所収、青弓社、二〇一七年、一六四―一六五ページ

第1章　「日本的家族」のまぼろし

早川タダノリ

1　日本国憲法が「一家の団欒」を破壊した？

神社や街頭での署名運動や改憲集会をおこなっている「美しい日本の憲法をつくる国民の会」という日本会議系大衆団体がある。設立されたのは二〇一四年十月、三好達・田久保忠衛という新旧日本会議会長に、櫻井よしこを加えた三人が共同代表として顔をそろえている。櫻井よしこのポートレートをプリントしたピンク色ののぼりを立てて、「美しい日本の憲法をつくる一〇〇〇万人賛同者（ネットワーク）」の署名活動をやっているのを目にした人も多いかもしれない。

結成一周年にあたる二〇一五年十一月に、この団体が、東京・日本武道館で一万人を集める大集会を開催した。この集会に向けて、改憲派の「文化人」たちがこもごもにメッセージを寄せていて、同会の「facebook」で公開されている。「とにかく憲法を変える」ことだけを一致点にして、好き勝手なポイントから「世の中のココが気に入らない、だから憲法を変えろ」という不思議な理屈を展開している。このさまは「坊主憎けりゃ袈裟まで憎い」という深遠な俚諺を思い起こさせるが、気に入らない事柄は何もかも日本国憲法のせいにされていて、憲法がかわいそうになってくるほどだ。

ともあれ、中高年男女の雑多な不平不満と妄念が織り込まれたメッセージ群のなかで、ひときわまばゆい怪光を発しているのが、「食育」の普及で知られる料理研究家・服部幸應の「食卓崩壊は日本国憲法にあり」と題した提言である。


昔、朝と晩の二回は一家団欒で食卓を囲んだものでした。

近頃の家族は一緒に食卓を囲む機会がめっきり減ってきたようです。

家族とは、同じ屋根の下で家族みんなで食事をすることこそ家族なんです。

子ども達の行儀の悪さは目に余ります。これは核家族化したことにも原因があります。

ここまで家族の絆がバラバラになってしまった原因の本体は国家の根本である憲法にあると思っています。

理由の一つは、憲法の第三章「国民の権利及び義務」です。そこで言葉の登場回数を数えてみたところ「権利」は十六回、「自由」は九回だったのに比べ、「責任」と「義務」は各わずか三回のみです。それから、ここには「家族」という言葉が一切出ていません。出てくるのは「個人」だけ。日本の良い所は家族制度であり、責任感であり、倫理観だったはずです。（アメリカの憲法の第三章には家庭という言葉が多くでてきます）

それらを全部取りさるために家族をバラバラにして、責任も義務も教えずに権利と自由だけを強調しているのです。その結果何が起きたかというと、みんな「個人」になり、家族が失われてしまったのです。その流れの中で食卓も崩壊していったのです。今こそ憲法を変えることで元の様な家族が戻ってくるように思われてなりません。

日本国憲法は、昭和二十一年に、たった一週間ほどで二十一人のＧＨＱのスタッフが作成した憲法であり、神風と呼ばれた特攻隊によって体当たり作戦に出た日本兵が「お母さん」と呼んで散っていったことから、家族性が強く体当たりも辞さないことでアメリカとしては、家族の絆を断ち切る事が望ましいと思って作った憲法のようです。

アメリカは一九四五年以来、憲法を六回も改訂をしました。ドイツは連合軍によって作られた憲法を五十六回改訂しました。フランスは二十八回とほとんどの国が憲法を時代に合わせて変えているのです。

日本も「食育」が家庭に反映するように、第三章から変えてみてはどうでしょうか。もっと食卓崩壊を止められるように。(1)

服部は、日本国憲法第三章「国民の権利及び義務」には「権利」や「自由」ばかりで「「家族」という言葉が一切出ていません」という。「日本の良い所は家族制度であり、責任感であり、倫理観だったはずです」、ところがGHQ（連合国軍総司令部）は日本のよい家族制度を崩壊させ、権利と自由ばかり主張する人間を作り出した。そのため「家族が失われてしま」い、「食卓も崩壊していったのです」と説く。だからこそ日本国憲法の第三章以降を取り換えて、「食卓の崩壊」を止めることを彼は提唱している。

しかし、日本国憲法第二十四条第二項に「家族」が出てくるので、「「家族」という言葉が一切出ていません」はデマ。こんな簡単にバレる嘘をスルーするとは「国民の会」事務局の能力を疑うが、そもそもこのネタは服部がさまざまな講演会で使ってきたネタなので、そう簡単には訂正できなかったのかもしれない（いや、訂正しろよ）。

彼が問題視しているのはいわゆる「食卓の崩壊」現象だが、憲法を変えればそれが解決するというのも激しく短絡的だ。おまけに、憲法に「家族」が盛り込まれればどうして「食卓の崩壊」が防止できるのかもさっぱりわからない。それに、国家が家庭の食卓にまで手を突っ込んで人々の日常生活を規制しようというのはまっぴらごめんだ、と思う人も多いはずだ。

2 「食卓崩壊」？

もとより「孤食」「個食」をはじめとする「食卓の崩壊」と言われている現象は、「戦後憲法による個人主義の台頭」や「GHQによる日本的家族制度の破壊」といった単純なストーリーで説明できるような問題ではない。

一九八〇年代から家庭の「食卓」を調査してきた岩村暢子の研究(2)によれば、親子関係はもちろん、親とさらにその親との世代間の文化的・社会的な環境の変化や、住居・台所の変貌、食材の進化、家電製品の進出、さらに親の勤務形態の変化など、家族を取り巻く重層的な要素によって、「食卓の崩壊」はもたらされたという。

なかでも、一九六〇年以降に生まれた世代の、その親の世代は、戦中・戦後の厳しい食糧難を経験していて、その過程で既存の日本の家庭食と食べ方の継承には断絶があった。「その母親世代は戦中・戦後の食料難時代に成長期を過ごし、「昔ながらの家庭の食」を食べることができずに育った人たちだったのである。むしろ彼女たちこそ、戻るべき「家庭の食の原点」をもたない、歴史的にも特異な世代だったと言った方が良いだろう(3)」と岩村は述べている。

ここで言われている「家庭の食の原点」が、さしあたり親によって示された食のあり方だとしても、とりわけ敗戦前までの日本での都市と地方との生活水準の格差は大きかった。さらにそれぞれの地域内での階級・階層の違いも無視することはできない。

「子どもが一人でごはんを食べている」「家庭でもコンビニ食や中食ばかり」といった現状を見たり聞いたりすると、多くの人は胸が痛んだり、なんとかしなければという焦燥感にかられたりすることだろう。それを否定するつもりは毛頭ないが、そうした感覚が自分の子ども時代や親から受けた教育との偏差で生み出されたものであることを客観的に見る目がなければ、「食卓の崩壊」とは特定の「食卓」観からの逸脱を「崩壊」と呼んでいるにすぎないことがわからなくなるのだ。

さまざまな社会的・歴史的な問題が複合しているからこそ、「食卓の崩壊」と言われている現象は簡単に解決しないのだし、憲法に「家族」条項を加え「家族保護」政策に取り組んだからといって、ここまで急激な変化を遂げてきた社会がもとに戻るわけではないのである。

3　「食卓」像の謎

服部があるべき姿として、あるいは復元すべきものとして掲げている「昔、朝と晩の二回は一家団欒で食卓を囲んだ」という家庭モデルもまた出自があやしい。その「昔」とはいつのことだったのかさっぱりわからない。というのも、日本に「食卓」が登場したのはそんなに昔のことではないからだ。

文化人類学者の石毛直道らの研究(4)によれば、明治後期から「卓袱台《ちゃぶだい》」が普及するまでの長きにわたって、家庭で使われていたのはもっぱら箱膳だった（使用しなかった階層や地域もある）。箱膳とは、普段は一人分の食器を入れておく箱で、食事の際に蓋をひっくりかえせば銘々膳になる道具のことだ。

この箱膳が卓袱台に取って代わられたのが大正末期だった。卓袱台の利点は脚がたためることで、食事が終わったら台を片付けてそこに布団を敷くことができた。つまり食事する部屋を寝室にチェンジすることができ、都市部に集中し始めていた労働者の狭小な家屋にマッチする道具だったのだ。

この箱膳から卓袱台にいたる時代、必ずしも家族が顔を合わせていたわけでもなく、また「食事中の会話は厳禁」が作法だった。井上忠司の調査[5]によって、「食事中に話してはならぬ」が箱膳による食事時代の最大のマナーだったことが明らかになっている。

しかも旧民法下で戸主を上座に据える家族内の序列が厳然として存在したため、「だんらんの情景からはまだ遠く、わけても戦前の家庭では、依然として寡黙であったようである[6]」と石毛は述べている。

戦後、日本国憲法と新民法のもとで、厳格な家庭内ヒエラルキーが法的には消滅する。そして一九五〇年に、小住宅であっても寝室を二部屋確保し、食寝分離のために「朝食の食べられるような広い台所とする」というダイニングキッチン（DK）が東京大学の吉武泰水によって考案され（51C型）、これを日本住宅公団（一九五五年設立）が採用することになった。[7]六六年に開始された第一期・第二期住宅供給五カ年計画で供給された公団住宅は千六百二十七万戸[8]に及び、東京オリンピック後の日本に、DKを備えた住宅（とりわけ「団地」）が普及し、卓袱台はダイニングテーブルにその座を譲ることになった。

この時期のDKでの食事風景を捉えたものに、「世界画報」一九六二年八月号に掲載された写真がある（写真1）。夫婦に幼児二人という家族構成で、フォークとナイフで食べるパン食の朝食のようだ。奥にはステンレスの流しと、現在主流になっている「ガステーブル」ではない、「ガスコ

写真１　ＤＫでの食事風景
（出典：「世界画報」1962年8月号、世界画報社）

ンロ」が二つ見える。椅子は背もたれがないタイプで、卓上に置かれたトースターも上に飛び出すタイプのものである。

ＤＫは食卓だけではなく、台所のありようも変えた。カマドや台所が土間あるいは別の部屋ではなく、食事する場所と一体化したのである。配膳や給仕をする役割を与えられていた「お母さん」が、（写真1でもいまだキッチンにいちばん近いところに座っているとはいえ）落ち着いて座って食事をともにすることができるようになった。

前掲の石毛らの調査によれば、テーブルとイスを使って食事をするスタイルになって、食事中の家族の会話も不作法ではなくなった。ここでようやくアニメ『ちびまる子ちゃん』（さくらももこ、フジテレビ、一九九〇年―。『サザエさん』〔長谷川町子、フジテレビ、一九六九年―〕の場合は卓袱台を利用している）[9]に見られるような、現代に生きる私たちが容易にイメージできる「一家団欒」像が現出するにいたるのである。

しかし、一九六〇年代半ばに誕生した食卓の「団欒」は、八〇年代初めに崩壊し始める。平均給与水準の低下と女性のパート労働の増大などを社会的条件として共働き家庭が激増し、「お母さんがいつも食事を用意して家族そろって食べる」というジェンダーバイアスにあふれた家族モデルは、維持することが困難な幻想となっていくのである。

4　国策としての「食卓の団欒」

とはいえ、「家族の団欒」を推奨する言説は、一八九〇年前後（明治二十年代）以来敗戦まで一貫して修身や家政科の国定教科書に登場してきた。当初は家庭の近代化を理念とした西洋風食事習慣の移植だったが、やがて「家族国家」を標榜する天皇制国家の基礎をなす「家族」を確立するツールとして、「家族の団欒」は称揚されたのだった。(10)

例えば、第五期国定教科書『ヨイコドモ』上（国民学校一年生用、一九四一年）に掲載された「十六　ワタシノウチ」をみてみよう。

文字どおり「絵に描いたような三世代同居」の食事風景である。父母、祖父母、そして子どもが三人という家族構成だ。

本文には、

私ノ ウチデハ、
オトウサンモ、
オカアサンモ、
オヂャウブ デス。
オヂイサンモ、
オバアサンモ、
オタッシャ デス。
ニイサンモ、
私モ、 妹モ、
ゲンキ デス。
アサハ、ウチヂュウ
ソロッテ、早ク
オキマス。
バンニハ、ミンナデ
タノシク ゴハンヲ
イタダキマス。
三十四
三十五

図１　「16　ワタシノウチ」
（出典：文部省編『ヨイコドモ』上、文部省、1941年）

バンニハ、ミンナデ
タノシク　ゴハンヲ
イタダキマス。

とある。「あー服部氏はこの絵の光景が、ホントにあったと思ったのかもなー」と深い感慨に打たれるほどだ。

　とりわけ興味深いのは席次である。家長＝お父さんが上座に、その左隣に隠居＝おじいさんが座り、一人で食事できるようになった子ども二人を挟んでおばあさんが、まだ幼い子どもの隣にはお母さん——という順番である。そして、おかわり用の飯櫃はお母さんのかたわらに置いてある。この絵だけで、「家」制度下の家族内のヒエラルキーを表しているわけだ（明治中期に出された修身教科書では、ここに「おさんどん」＝女中を描いていた）。

　もちろんこの図は、文部省が理想的家族像として「ヨイコドモ」たちに示したものにほかならない。指導の詳細が記された『ヨイコドモ　教師用』上（文部省、一九四一年、九二ページ）によれば、

うちぢゆうがなごやかな気分に満ちてゐる。みんながいつしよに暮すのは楽しい。おとうさんやおかあさん、おぢいさんやおばあさん、また代わつて世話をして下さる人がなかつたら、どれほどたよりないことであらう。

　挿画を中心に、臨機に児童の境遇に即応した家を中心としての話に移りながら、うちの人々の世話を受けることが多いこと、うちの人々のいふことをきき目上の人によくつかへ、幼い者をよくかはいがるべきことなどを具体的に指導する。


とある。

　三世代同居（世帯主の父母との同居）にしても、一九二〇年（大正九年）のデータ[11]では二六％あまりで四家族に一つの割合でしかなかった（二〇一〇年で四・七％）。さらにこの教科書が発行された四一年といえば「大東亜戦争」開戦直前だが、すでに泥沼化した日中戦争へ父親や長兄が動員された軍人家族も少なからぬ数に上ったはずだ。文部省自身も「家庭の事情は、単に都会と農村との差のみでなく、家々に於いても異なる。挿画は特に都会に於ける勤労者の家庭を思はしめるものがあるから、取扱に際しては土地の情況その他に応じて多分の考慮を必要とする」と、教師向けのただ

し書きをつけているほどだ。

現実に「なごやかな気分」があったかどうかは、「ヨイコドモ」育成には関係がなかった。「家族とはなごやかで楽しいものなのだ」という国家としての理想が教え込まれたのである。

5 「日本国憲法」以前の家族理念

この課で教育すべき家族理念について、『ヨイコドモ　教師用』上は次のようにうたいあげていた。

> 我が国民生活の基本は、個人でもなければ夫婦でもない。家である。家の生活は夫婦、きやうだいのやうな平面的関係だけでなく、その根幹となるものは、親子の立体的関係である。この親子の関係を本として、近親相倚り相扶けて一団となり、我が国体に則つて家長のもとに渾然融合したものが、即ち我が国の家である。
>
> しかも我が国の家の生活は、現在の親子一家の生活に尽きるのではない。遠い祖先に始まり、永遠に子孫によつて連続せしめられる。現在の家の生活は、その過去と未来とをつなぐものである。

教材はこの我が国家組織の基本たる家について、その観念を得しめる端緒として、先づ家庭生活の楽しみを考へさせ、教へ導かうとするところから生まれた。概念的の理会を求めるものでなく、家庭和楽・一家団欒のうちに家の尊さ有難さをしんみり考へさせようとするところにその趣旨がある。(12)

ここに「家庭和楽・一家団欒」が強調された理由が明らかになっている。「我が国民生活の基本は、個人でもなければ夫婦でもない。家である」という至上命題を体得させる、その入り口にほかならなかったのである。

とりわけ、第二段落の「しかも我が国の家の生活は、現在の親子一家の生活に尽きるのではない。（略）現在の家の生活は、その過去と未来とをつなぐものである」という一節は、親子／兄弟姉妹という立体的・平面的な家族内の関係に、唐突に「永遠」という時間的・歴史的なモメントを盛り込んだもので大変特徴的である。家族に付与されたこの「歴史性」が、天皇を頂点とする家族国家論で、個々の家族と皇統とを接続する役割を果たしていたのであった。

「GHQが破壊した」のは、まさにこの大日本帝国が「つくりあげて国民にうえつけたイメージ」(13)にほかならない。敗戦前までの家制度のもとで紡ぎ出された「家族の団欒」物語からは、DKの普及が生み出した（多くの人が思い浮かべるだろう高度経済成長時代の）「家族の団欒」の実際の姿は程遠いものなのだ。そして皮肉なことに、後者こそが戦後憲法によってもたらされた家族像だったのである。

大日本帝国時代に、国策として作り上げられた「家族」像については口をつぐんだまま、耳ざわりがいい戦後的「家族の団欒」イメージを利用して「ＧＨＱによる日本的家族制度の破壊」を煽るのは、まことに欺瞞的であるとしか言いようがない。そして、「家族の団欒」を服部幸應が持ち出して改憲を語ることの思想的底流も、ここに見えてくると思う。

6 「家族が仲睦まじく暮らしてきた日本人」バージョン

これに類似した「日本国憲法が日本の家族を壊した」イデオロギーは、右派系論者たちの言説に氾濫している。そのわかりやすい例が、櫻井よしこ『気高く、強く、美しくあれ』[14]にあった。サブタイトルで「日本の繁栄は憲法改正からはじまる」とうたっているこの本では、「天皇」「第九条」「政教分離」など、改憲のイシューごとに章を立てて、そのなかで「教育と家族」として一章を割き、「新憲法で削られた「家族は社会の基礎」という考え方を復権させよ」と訴えていた。そこで櫻井は次のように書いている。

「家族」の役割や意義について書きこんだ文言は憲法の他の条項にも、基本精神を記したはずの「前文」にもないのである。憲法を読む限り、日本には個人は存在しても家族は存在しないことになる。家族が仲睦まじく暮らしてきた日本人の姿は、国の在り方の根幹をなす憲法のなかからは、完全に追放されてしまったのだ。[15]

くしくも、これまで見てきた服部幸應のコメント「日本国憲法には家族が出てこない」とそっくりだが、服部が「食卓の団欒」を回帰すべき原理として持ち出してきたのと同様、櫻井が持ち出すのは「家族が仲睦まじく暮らしてきた日本人の姿」なのであった。これをＧＨＱや「日本国憲法」が破壊したことになっている。とすると、「日本国憲法」以前はそんなによかったのか？という疑問が当然湧いてくる。

この「家族が仲睦まじく暮らしてきた日本人の姿」とは何か。櫻井は次のように続ける。

戦前は、家族関係を含め、そうした心の部分を教える教訓があった。それは現行憲法と教育基本法に対比する形で、一時期、国民教育のバランスをとっていた「教育勅語」のなかにあった。[16]

そして、「教育勅語」原文と、佐々木盛雄の悪名高い「現代語訳」をならべて引用したうえで、

こうして読むと、往時の日本人がどのような想いで暮らしていたかが偲ばれる。

《朕惟フニ》で始まるために今では〝悪しき帝国主義〟の元凶のように扱われ、否定されがちだが、そこに書かれているのは親兄弟、夫婦、友人という、人間関係の基本から、人を愛すること、国の法律を守ることまでを「十二の徳目」として列挙した真っ当な内容だ。現代の日本

人が忘れてしまっているこの素晴らしい心得はかつての日本人にとっては当然の価値観だった。だからこそ、明治政府はこうした事柄を国民教育の基礎と位置づけ、日本国の姿を伝統のままに守ろうとしたのだ。(17)

と述べるのである。

どうやら「家族が仲睦まじく暮らしてきた日本人の姿」とはリアルな「家族」のことではないようだ。実際には仲がいい家族もいればそうでない家族もいるにもかかわらず、それを「日本人の姿」と日本人全体に普遍化してみせるよくあるレトリックだ。

それだけではない。櫻井の論立てに「現代の日本人が忘れてしまっているこの素晴らしい心得はかつての日本人にとっては当然の価値観だった」とあるように、敗戦前までは「教育勅語」が当然の価値観だったから、「教育勅語」の徳目を人々は体得していた→だから日本人は「家族が仲睦まじく暮らしてきた」――という苦しいこじつけ論法なのである。これが通用すると思っているのにはかなりビックリだが、ご本人は大まじめなので二度ビックリである。

「教育勅語」を読むことで、どうして「往時の日本人がどのような想いで暮らしていたかが偲ばれる」と言えるのか。ここでは、「勅語」として国家によって臣民に示された徳目と、それを受け取る側の人間とがイコールで結ばれているわけである。まさに〈教育勅語人間〉とも言うべき新しい「日本人」を櫻井は発明したとしか言いようがない。当時の日本人はみんな「教育勅語」を体得し・実践していたことにしないと、「教育勅語」を否定して「家族が仲睦まじく暮らしてきた日本人の姿」を追放した「日本国憲法」をワルモノにできないという仕掛けをここに見て取ることができる。

しかし、櫻井よしこといえどもさすがにこれだけでは根拠薄弱かと思ったのだろう。そこで彼女がさらに持ち出してくるのが、江戸時代（！）の『孝儀伝』や『孝義録』といった孝行・忠義・忠孝・貞節などの徳目を軸に集められた善行美談集なのであった。江戸時代の美談を持ち出してきたのは、「教育勅語」以前にも日本人はリッパで、「勅語」はその伝統を継承するために作られたものだという珍説を基礎付けるためなのである。

美談集なのだからイイ話ばかりなのは当たり前で、それをもって江戸時代の人を語ろうとするのが大間違いだし、善行が表彰されるのは善行をしなかった人が圧倒的に多かったからではないかという当然の論理的推論さえもはたらかないらしい。けれども、その美談をもって櫻井は、江戸時代には「社会全般に道徳心がゆきわたり親孝行や忠義が尊ばれていた」とまとめてみせるのだから、えっとそれは異世界ＳＦですか？と愕然としてしまうのである。

結局、この章の最後まで、「日本国憲法」によって「追放」される前の「家族が仲睦まじく暮らしてきた日本人の姿」については、「教育勅語」と江戸時代の善行録しか出てこない。その一方で、旧民法下での家制度についての言及はすっぽりと欠落しているのである。

家制度の否定は、もっぱらＧＨＱが日本の家族制度を「破壊した」という観点からだけふれられている。

マッカーサーは日本が再び米国に対する〝脅威〟とならないために、マッカーサー三原則に基づく新憲法を押しつけようとした。日本人の精神や文明を骨抜きにする厳しい政策を次々に打ち出した。(18)

——などと、きわめて饒舌に語る一方、家制度そのものに対する自身の評価については何らふれていないのは一体どうしたことか。この欠落こそが、櫻井が称揚する日本人の「家族」像が何を隠蔽しているのかを雄弁に物語っているのである。敗戦前の「家族」のリアリティを欠いたまま、にもかかわらず、「日本国憲法」以前には「家族が仲睦まじく暮らしてきた日本人」からなる社会が存在したかのように描き出すのだから、これが詐術でなくてなんなのだろうか。櫻井の「家族条項」改憲論がよって立つ「日本人の姿」は、やはりまぼろしであると言わざるをえないのだ。

7 「家制度の復活ではない」という言い訳

「美しい日本の憲法をつくる国民の会」の櫻井や服部などが理想化している「家族が仲睦まじく暮らしてきた日本人の姿」といった伝統的家族像は、いずれもGHQや「日本国憲法」が破壊したことになっている。とすると、彼らは「日本国憲法」以前の家族に戻りたいと思っているのだろうか……という疑問が当然湧いてくる。

「日本国憲法」第二十四条に、「家族は社会の基礎単位として尊重されるという家族の位置づけ」と「家族への国や社会による保護」を踏まえた「家族保護条項」を加えることを提案している、安倍晋三首相に近いと言われている右派系シンクタンク日本政策研究センターのメンバーが、憲法二十四条「改正」にからめて、次のような軽口をたたいていた。

小坂 会〔「24条変えさせないキャンペーン」:引用者注〕の呼びかけ人の女性弁護士は、「三世代」重視のような序列を強調する、自民党議員の発言からすると、「戸主が統率し序列のあった明治民法のイエの復活がもくろまれているとしか思えない」と述べていますね。

伊藤 幸か不幸か、そんな古くさい議員はこのご時世、いる筈もない。

岡田 そもそも、「家制度」がどういうものか、を知らない。

伊藤 そうそう、旧民法にある家制度、そもそもその概略を学んだり、調べたこと自体あるのですかと。

小坂 結局、家制度廃止の根拠となったのが二十四条なので、その改正は家制度の復活を意味するんだと、実に短絡的、憶測的に結びつけているだけ。

伊藤 そんなものに戻そうと言ったって、戻せる筈もない。そもそも社会のあり方そのものがこの数十年、すっかり変わってしまっているのだから。

岡田 そもそも、かつての家制度に戻せなどと、主張している人がどこかにいるのか、聞きたいですよね。

（略）

小坂　要は、家制度に対して多くの日本人が抱いている漠然とした否定的観念に乗っかって、家族条項を貶めようということだと思うのです。[19]

「かつての家制度に戻せなどと、主張している人がどこかにいるのか」と揶揄しながら、「家制度に対して多くの日本人が抱いている漠然とした否定的観念」とは言うものの、家制度に対する彼ら自身の評価はいくら探しても出てこない。「そんなものに戻そうと言ったって、戻せる筈もない」と、客観的条件の変化を理由に否定してみせているにすぎないのである。

もちろん、そのようなポーズは何ら驚くにはあたらない。これは六十年前から続く改憲派の伝統芸能だからだ。例えば一九五四年に（旧）自由党が発表した「日本国憲法改正案要綱」は現在の改憲論の源流をなす歴史的文書だが、憲法二十四条について、次のように改正すべきことを述べていた。

旧来の封建的家族制度の復活は否定するが夫婦親子を中心とする血族的共同体を保護尊重し親の子に対する扶養及び教育の義務、子の親に対する孝養の義務を規定すること。農地の相続につき家産制度を取入れる。[20]

この改正案については、以下のような説明がついていた。

占領軍は憲法第二十四条と、民法の改正によって、わが国の家族制度に根本的変革を加えた。これは日本の弱体化という占領政策の線に副って実行したものである。然し、わが国の従来の家族制度には、人権尊重の立場から反省すべき点があった。家長の権限が強大であり、又女子の地位の低かった点などは、改めるのが正しいから、憲法改正に当っても、これ等の封建的色彩は、復活すべきでない。

然しながら現行の憲法と、之に基く教育方針が極端な個人主義の立場から、家族という観念の抹殺を図ったのは行過ぎである。[21]

改憲運動のそもそもの端緒から、「わが国の従来の家族制度には、人権尊重の立場から反省すべき点があった」と押し出されていたわけである。

戸主として絶対的な権威をもって家族に対する居住指定権、家族の入籍・去家、婚姻・養子縁組の同意権を握り（戸主権）、さらに家督相続として長男が一切の家産を相続し[22]、戸主の妻には家督相続の権利はなく、子が成年するまで親権者として戸主権を行使するだけだった時代――法的にも男性優位を保証した家父長制的家族制度をまだありありと記憶していた人々が多かったからこそ、敗戦による家制度からの「解放」をまるごと否定するわけにはいかなかった。

けれども「子の親に対する孝養の義務」と（農地の）長男単独相続の復活が、「「家」の物質的基礎である家産を保持し、家父長権力に物質的基礎を保障する[23]」生命線として、当時の自由党によって改憲案に滑り込まされたのである。自由党がいう「旧来の封建的家族制度の復活は否定する」という文言は、いわば「名を捨て、実を取る」レトリックとして配置されているのにほかならない。

8 「わが国の伝統的な家族観が基本」とは？

とはいえ、「夫婦親子を中心とする血族的共同体」＝家族こそが国家の基礎であるという思想は、現在の右派系改憲論者たちにも広く共有されているのではないか。

実際、「家制度の復活なんてありえない」と笑っていた日本政策研究センターの研究員・小坂実は、二〇一四年に次のように書いていた。

家族についての国際標準の考え方と同時に、家族を祖先から子孫へと連なる生命の連続性を体現する存在として捉えてきた、わが国の伝統的な家族観が基本に据えられるべきことは言うまでもない。(24)

ここでいう「家族についての国際標準の考え方」とは、世界人権宣言にあるような「家庭は、社会の自然かつ基礎的な単位であって、社会および国家の保護を受ける権利を有する」（第十六条三項）という条項を指す。

小坂らはドイツ、イタリア、フランスの憲法に類似の条項があることをもって「家族保護条項がない憲法は国際的にきわめて異例であり、時代遅れというか、きわめて具合いの悪いことども言えるのです」[25]という。けれども、これらの条項は基本的に一つの世代の「家庭」「家族」について――つまり横の関係――述べているのであり、小坂がいう「家族を祖先から子孫へと連なる生命の連続性を体現する存在」という「縦」の時間軸を挿入した家族観は「国際標準」とは似て非なるものだろう。

血脈の過去・未来にわたる永続性を家族の基本的な性質として称揚する「わが国の伝統的な家族観」は、先に見た国定修身教科書『ヨイコドモ　教師用』という指導書にあった、

我が国の家の生活は、現在の親子一家の生活に尽きるのではない。遠い祖先に始まり、永遠に子孫によつて連続せしめられる。現在の家の生活は、その過去と未来とをつなぐものである。[26]

という思想そのものである。「祖先から子孫へ」継承される場こそが「家」なのにほかならない。この構造について、一九四一年に刊行された女性向け啓蒙書『新体制下女性教養日記』では、次のように平易に解説していた。

我が国は古来、家を国家社会の単位とし、その生活は家族全体を本位とします。単に現在の家族のみならず、遠き祖先に始まり、子孫によって継続せられる永続的団体が、我が家であり

ます。そして、一家は戸主たる家長によって統一され、代表されてゐます。従つて、家長はその家系を承け継ぎ、家計を保有し、子女を教養し、祖先の祭祀を絶やさないことを以て最大の義務とし、各家族は家のために働き、家を中心として生活してゐます。かくて各人は個人として国家の構成分子たると同時に、家を通じて国家社会を組立ててゐるのです。（略）

我が国民は遠く祖先を遡れば、皆同一の祖先から出てゐるのであります。即ち我が国の家は同一の祖先より派生し、代々これを承け継いで現在に至り、更に永久に子孫に伝ふべき性質を有つてゐるのであります。しかも、その祖先の正系を承けさせられてゐるのが畏くも皇室であらせられます。即ち我が国は一大家族国家であって、皇室は臣民の宗家にましまし、国家生活の中心であらせられます。[27]

「家族国家」観の仕組みについて大変わかりやすく、これ以上言葉を付け加える必要性を感じない。あらためて驚くのは、日本政策研究センターの改憲提言にある「家族は社会の基礎単位として尊重する」という家族保護条項と、「我が国は古来、家を国家社会の単位」とするという「日本国憲法以前」の「伝統的家族観」とが実は矛盾するものではないことがよくわかるところだ。

憲法二十四条改憲派たちが諸外国の例を引いて「家族についての国際標準の考え方」と言いなしたところで、その規定を「伝統的家族観」の土壌に移植すれば、大日本帝国風「家族国家」の花が咲くのである。たしかに、彼らは旧来の「家」制度での家督相続、戸主権、女性の地位などを復活させようとしているのではない。けれども、日本の「家族」のありかたを、国家を下支えする「基礎単位」として再び変容させようとしているのは間違いない。

そしていま、その幻想的「日本的家族」像を社会の基礎的単位として位置づけ、「今の憲法では、国民の共同体としての国家、共同体としての家族、ひいては「家族国家」の姿が見えてこない。家族に対する国民の意識を取り戻すために、憲法で家族の保護をうたうことが必要です(28)」という、不可解な憲法改悪運動が進められようとしているのである。

9　情緒的な「家族の絆」の実体はネオリベ……

彼らの「家族国家」観的なイデオロギーを、復古的反動として単純に捉えることはできない。例えば、自民党の「日本国憲法改正草案」（二〇一二年）の現行第二十四条の改憲部分にある「家族は社会の自然かつ基礎的な単位として尊重される。家族は互いに助け合わなければならない」には、これまで見てきた「家族は社会の基礎的な単位」規定とともに、さらに家族間の扶助＝自助が盛り込まれている。

この箇所については、「国が家族を福祉で保護してくれるなどというものではない。人びとに助け合いの義務を課しているんですね。だから、おそらく支援はほとんど入らず、「家族同士の自助努力で助けあいして」などとなる(29)」という批判を始め、「24条変えさせないキャンペーン(30)」などで繰り返し問題にされてきた。

自民党改憲草案に見られる「自助」概念は、一九七九年に自民党が「日本型福祉社会の創造」を掲げて発表した「家庭基盤の充実に関する対策要綱」に淵源をもつ。この「要綱」では、社会の基本単位、生活共同体としての家庭を重視し、家庭については「老親の扶養と子供の保育としつけは、第一義的には家庭の責務であることの自覚が必要」という、家族による自助努力が基軸的な価値観として押し出されていた。これに、家庭の意義の見直しを図るため「家庭の日」新設や、社会福祉への歳出抑制、受益者負担の強化などの政策が列挙されていた。

この「日本型福祉社会」理念は、日本における新自由主義的福祉政策の一つの画期をなすもので、戦後の「福祉国家」理念の転換を意味した。家族の自助と「受益者負担」を看板にした福祉切り捨て政策のはしりなのである。(31)

そしてその大平正芳内閣時代の「家庭基盤充実政策」が、「家族条項」改憲派の間で再び脚光を浴びている。親学推進協会理事長で日本会議の政策委員を務める高橋史朗（明星大学特別教授）は、

「自助から共助、共助から公助」への「日本型福祉社会」の実現を目指し、「家庭基盤の充実」を重視した大平正芳政権の政策を再評価し、経済優先の価値観とは異なる幸福の物差しを取り戻し、家族（親子）の絆を再生する少子化対策のパラダイム転換が必要だ。(32)

と述べている。

「家族（親子）の絆」という美しい看板を掲げながら、各家族の「自助努力」を基本とする「日本

型福祉社会」論は、福祉予算を可能なかぎり削減するためのネオリベ的福祉政策のイデオロギーにほかならない。高齢者介護や子育てなどを個別「家庭」のレベルで解決することが伝統的な日本の家族の慣習だと言いながら、実際にやっていることは福祉切り捨てだった。右派論者たちがこもごも掲げて見せる日本の伝統的家族像は、そうしたネオリベ的福祉政策の正体を覆い隠す外皮にすぎないのである。

「国難としての少子化」「家族の崩壊」を彼らが声高に叫びながらも、自民党政府の福祉政策や、長時間労働・低賃金・非正規化などの労働条件の劣悪化について、不思議なことに何一つ問題にしようとしないのも、ゆえなきことではなかったのだ。

＊

現在の右派系論者たちは、「日本国憲法」以前の旧民法下における家制度のリアリズムを欠いたまま、にもかかわらず「日本国憲法」によって破壊されなかった「日本の伝統的家族」を取り戻すことを声高に主張している。しかし、彼らのモデル的家族像は、実は戦後の高度経済成長期に形成された個人的体験に基づいたものだったり（服部）、「教育勅語」からの想像の産物だったり（櫻井）することをこれまで見てきた。頻出する「家族の崩壊」という言葉でさえ、崩壊する前があったのか、崩壊していなかった「日本的家族」とはいつのことなのかを指し示すこともできない。

ただただ、自分たちの気に食わないことはすべて「日本国憲法」のせいにして、幻想的な「伝統的家族」について、それぞれ論者が自分の経験を普遍的なものであるかのように押し出しながら勝手なことを言う……という仕組みになっている。彼らが言う「日本的家族」なるものは、幾重にも幻想が積み重ねられた奇怪な観念の被造物にほかならない。

けれども、彼らがどれほど「家族の崩壊」を呼号しようとも、私たちがもってもいないものを失うことはできないのである。

注

(1)「美しい日本の憲法をつくる国民の会」の「facebook」ページ「憲法改正への提言」に掲載された服部幸應の発言(https://www.facebook.com/kenpou1000/photos/a.1540048682875064.1073741828.1537881816425084/1671072279772703/?type=3&theater)[二〇一八年五月二十六日アクセス]。

(2)岩村暢子『〈現代家族〉の誕生――幻想系家族論の死』勁草書房、二〇〇五年、同『変わる家族変わる食卓――真実に破壊されるマーケティング常識』(中公文庫)、中央公論新社、二〇〇九年

(3)前掲『〈現代家族〉の誕生』二七七ページ

(4)山口昌伴/石毛直道編『家庭の食事空間――食の文化フォーラム』ドメス出版、一九八九年、石毛直道『食卓文明論――チャブ台はどこへ消えた?』(中公叢書)、中央公論新社、二〇〇五年

(5)井上忠司「食卓生活史の量的分析」、石毛直道/井上忠司編「国立民族学博物館研究報告 別冊」第十六号、国立民族学博物館、一九九一年、七八ページ以下

(6)前掲『食卓文明論』二一〇ページ

(7) 内田青蔵「ダイニングキッチン(DK)誕生前史」、日本生活学会編『台所の一〇〇年』(「生活学」第二十三冊)所収、ドメス出版、一九九九年、参照

(8) 国土交通省「住宅建設計画法及び住宅建設五箇年計画のレビュー」(http://www.mlit.go.jp/jutakukentiku/house/singi/syakaishihon/bunkakai/4seidobukai/4seido4-7.pdf)[二〇一八年五月二十六日アクセス]

(9) ちなみにマンガ版の『サザエさん』では途中からちゃぶ台→ダイニングキッチンスタイルになる。ノリスケの家はアニメ版でもダイニングスタイルだった。

(10) 表真美『食卓と家族――家族団らんの歴史的変遷』世界思想社、二〇一〇年、参照

(11) 「人口問題審議会資料「日本の人口・日本の家族」国立社会保障・人口問題研究所、一九八八年」(http://www.ipss.go.jp/publication/j/shiryou/no.13/data/shiryou/souron/42.pdf)[二〇一八年五月二十六日アクセス]

(12) ちなみに、この『ヨイコドモ 教師用』の家族パートの解説文は、一九三七年に文部省が編纂した『国体の本義』の家族に関する部分を要約したものである。『国体の本義』では次のように述べられていた。

「我が国民の生活の基本は、西洋の如く個人でもなければ夫婦でもない。それは家である。家の生活は、夫婦兄弟の如き平面的関係だけではなく、その根幹となるものは、親子の立体的関係である。この親子の関係を本として近親相倚り相扶けて一団となり、我が国体に則とつて家長の下に渾然融合したものが、即ち我が国の家である」(四三ページ)

「我が国の家の生活は、現在の親子一家の生活に尽きるのではなく、遠き祖先に始り、永遠に子孫によつて継続せられる。現在の家の生活は、過去と未来とをつなぐものであつて、祖先の志を継承発展

させると同時に、これを子孫に伝へる。古来我が国に於て、家名が尊重せられた理由もこゝにある」（四四ページ）

（13）前掲『食卓と家族』一六二ページ

（14）櫻井よしこ『気高く、強く、美しくあれ——日本の繁栄は憲法改正からはじまる』（PHP文庫）、PHP研究所、二〇一五年

（15）同書二四六ページ

（16）同書二四八ページ

（17）同書二五二ページ

（18）同書二五八ページ

（19）伊藤哲夫／岡田邦宏／小坂実、「明日への選択」編集部編『これがわれらの憲法改正提案だ——護憲派よ、それでも憲法改正に反対か？』日本政策研究センター、二〇一七年、一六七—一六八ページ

（20）自民党「日本国憲法改正案要綱」一九五四年、湯澤雍彦編『家族制度』（「日本婦人問題資料集成」第五巻）所収、ドメス出版、一九七六年、五三八ページ

（21）同書五四四ページ

（22）家督相続人は一人に限られ、家族たる嫡出の長男が第一順位だが、嫡出の長男もその子もないときは、嫡出二男・三男—庶子男子—嫡出長女・二女—庶子女子—私生子男子—私生子女子の順となる。

（23）川島武宜「最近の家族制度復活論」『イデオロギーとしての家族制度』岩波書店、一九五七年、二二五ページ

（24）小坂実「今、家族基本法が求められている」、「明日への選択」編集部企画・編集『日本の自立と再生をめざして——日本政策研究センターの主張と提言』所収、日本政策研究センター、二〇一四年、

二〇八ページ
(25)前掲『これがわれらの憲法改正提案だ』一五一ページ
(26)文部省編『ヨイコドモ　教師用』上、文部省、一九四一年、八九ページ
(27)伊東きみ子『新体制下女性教養日記』高千穂書房、一九四一年、三七八―三七九ページ
(28)百地章「「家系」の重視で解体防げ」「朝日新聞」二〇一六年十月十五日付
(29)山口智美と杉山春の対談「「家族は、互いに助け合わなければならない」の何が問題？　憲法第24条改正によって社会保障がなくなるかもしれない」(http://wezz-y.com/archives/34740)［二〇一八年五月二十六日アクセス］。
(30)「24条変えさせないキャンペーン」のウェブサイト (https://article24campaign.wordpress.com/)［二〇一八年五月二十六日アクセス］。
(31)例えば、安倍政権下で内閣に設置された社会保障制度改革国民会議の報告書「確かな社会保障を将来世代に伝えるための道筋」(二〇一三年八月) には、
「日本の社会保障制度は、自助・共助・公助の最適な組合せに留意して形成すべきとされている。

これは、国民の生活は、自らが働いて自らの生活を支え、自らの健康は自ら維持するという「自助」を基本としながら、高齢や疾病・介護を始めとする生活上のリスクに対しては、社会連帯の精神に基づき、共同してリスクに備える仕組みである「共助」が自助を支え、自助や共助では対応できない困窮などの状況については、受給要件を定めた上で必要な生活保障を行う公的扶助や社会福祉などの「公助」が補完する仕組みとするものである」

とある。
(32)高橋史朗「「無償化」政策に欠ける視点」(「解答乱麻」欄)「産経新聞」二〇一八年二月二十一日付

第2章　右派の「二十四条」「家族」言説を読む

能川元一

1　改憲論の現状と二十四条

「歴史戦」モードから「改憲」モードへ

保守・右派系月刊論壇誌の代表的な存在である「正論」（産経新聞社）は、第二次安倍晋三政権の成立とほぼ同時に「歴史戦争」キャンペーンを開始した。日本軍「慰安婦」問題は「朝日新聞」の〝誤報〟によって捏造されたものであり、にもかかわらず「慰安婦」問題が国連の人権関連委員会で取り上げられたり、アメリカの各地に「慰安婦」被害者を記念するモニュメントが建立されたりするのは、韓国や中国、および国内の反日左翼がしかける「歴史戦争」の結果であるから、われわれは日本政府を叱咤してこれに対抗しなければならない……というわけである。二〇一四年八月に「朝日新聞」が過去の「慰安婦」問題報道を検証する特集を掲載し、一部記事を撤回して以降の「朝日新聞」バッシングはよく知られているが、実はそれ以前から「朝日新聞」をターゲットの一つとするキャンペーンは展開されていたのだ。

ところが、二〇一六年に入ると「正論」の力点に変化が起きる。「歴史戦争」に関わる特集の掲載が峠を超えて、改憲というテーマがより強調されるようになるのである。二〇一六年四月号には「緊急大アンケート！　緊急事態条項か九条か、それとも……論客五十八人に聞く　初の憲法改正へ、これが焦点だ」を掲載し、同号発売の翌月には別冊の「正論SP（スペシャル）　高校生にも読んでほしい　そうだったのか！　日本国憲法百の論点」を刊行する。同年七月号には産経新聞社と「正論」の主催で同年四月二十六日に開催されたシンポジウム「今こそ、憲法改正のとき」の「詳報」を掲載し、参院選を控えた九月号では特集「憲法改正の秋」を掲載する、といった具合だ。参院選の結果次第で衆議院・参議院ともに改憲勢力が三分の二を超えることを見据えた路線変更と考えていいだろう。

改憲派の〝本命〟はやはり九条

二〇一六年四月号の「緊急大アンケート」からはどのようなことがわかるのか。まず問一は、「これだけはなんとしても改正すべき、あるいは創設すべきだとお考えの条項や条文を一つだけ」

挙げよ、というものだ。これに対する回答でもっとも多かったのは「九条」の二十七人（うち、「九条二項」とした回答者が十四人）だった。なんといっても改憲論の〝本命〟が九条であることがわかる。これに対して家族のあり方と密接に関わる「二十四条」と回答したのはわずか二人にすぎなかった。

少し興味深いのが、緊急事態条項にまつわる結果だ。問二は「どのような方法で改正への手続きを進めていくべき」かを問うたものだが、その選択肢は次の四つとされている。

A　緊急事態条項の創設だけを先行させるべき
B　緊急事態条項創設と同時に、たとえば九条など、その他の改正を一緒に図る（略）
C　その他の方法で現行の憲法体制を改める（略）
D　現時点では憲法を改めることに反対

ごらんのとおり緊急事態条項を前面に出した設問となっている。編集部が九条よりも緊急事態条項を推しているという印象を受ける。回答のほうも、A（十三人）とB（十五人）を合わせるとCの二十七人と拮抗している。にもかかわらず、問一に対して「緊急事態条項」と回答していたのはただ一人、それも問二に「D」と回答した三人のうちの一人で、「正論」の常連寄稿者でもない仲正昌樹・金沢大学教授だった。緊急事態条項がその必要性よりも国会発議や国民投票での〝勝ち目〟という観点から選ばれているらしいことがうかがえる。

『正論』二〇一七年一月号は「進まぬ憲法改正」という特集を組んでいる。同号は一六年十二月発行だから参院選からさして日はたっていないのに、なんともせっかちな特集タイトルだが、「党四役に大物改憲派が迫る！　自民党にまかせて本当に大丈夫ですか」と題した対談では「日本周辺の国際環境の変化に対応するためにも、九条を変える必要がある」（田久保忠衛・杏林大学名誉教授）、「憲法改正の大本命は九条だと思います」（古屋圭司・自民党選挙対策委員長〔当時〕）と意見が一致している。

改憲運動を熱心におこなっている団体の一つに「美しい日本の憲法をつくる国民の会」（以下、「国民の会」と略記）がある。共同代表をジャーナリストの櫻井よしこ、著名な右派団体・日本会議の会長でもある前出の田久保、そして日本会議名誉会長（前会長）の三好達・元最高裁判所長官が務める日本会議系の運動体だ。同会は「Twitter」のアカウント（@kenpou1000）をもち、改憲を促すツイートを毎日自動投稿しているが、その内容は①九条（九条二項）改憲を主張するもの、②緊急事態条項の新設を主張するもの、③条項を特定しない改憲の主張（〝押し付け憲法〟〝改憲していないのは日本だけ〟など）の三つに分類でき、二十四条に言及するものはない。こうしたデータからもやはり〝本命＝九条、対抗＝緊急事態条項〟という構図が浮かび上がる。

誰が二十四条改憲を主張しているのか

「国民の会」は、『「世界は変わった　日本の憲法は？」――憲法改正の国民的議論を』というDVDを制作している。非売品だが「上映協力金」（一口千円）を支払うことで入手可能だ。総指揮をベストセラー作家の百田尚樹が、監修を「国民の会」共同代表の櫻井よしこと同幹事長の百地章・国士舘大学特任教授が担当している。

　ジャケットに記した内容紹介をみると〝押し付け憲法〟論と九条改正論が強調されている。憲法制定過程の再現ドラマシーンは英語のセリフにかぶせて日本語の吹き替えが収録されており、きちんと英語の脚本を準備したことがわかる。それ以外のパートのナレーションは俳優の津川雅彦が担当していて、地上波テレビの情報バラエティー番組で流れていても違和感がないクオリティーの映像だ。

　先に紹介した「Twitter」での定期ツイートと同様の主張が続くDVDを見ていると、「憲法が抱える矛盾」と題された第四章の後半で、突如として憲法二十四条に家族保護条項（後述）を加えよという主張が始まる。しかも、その部分だけは映像的にもその前後とはまったく異質で、監修者である百地が登場するのだ。全体の流れを断ち切るようにして挿入されているこの二十四条パートが、日本会議の中心的なイデオローグの一人である百地の意向に沿ったものであることをうかがわせる。(1)

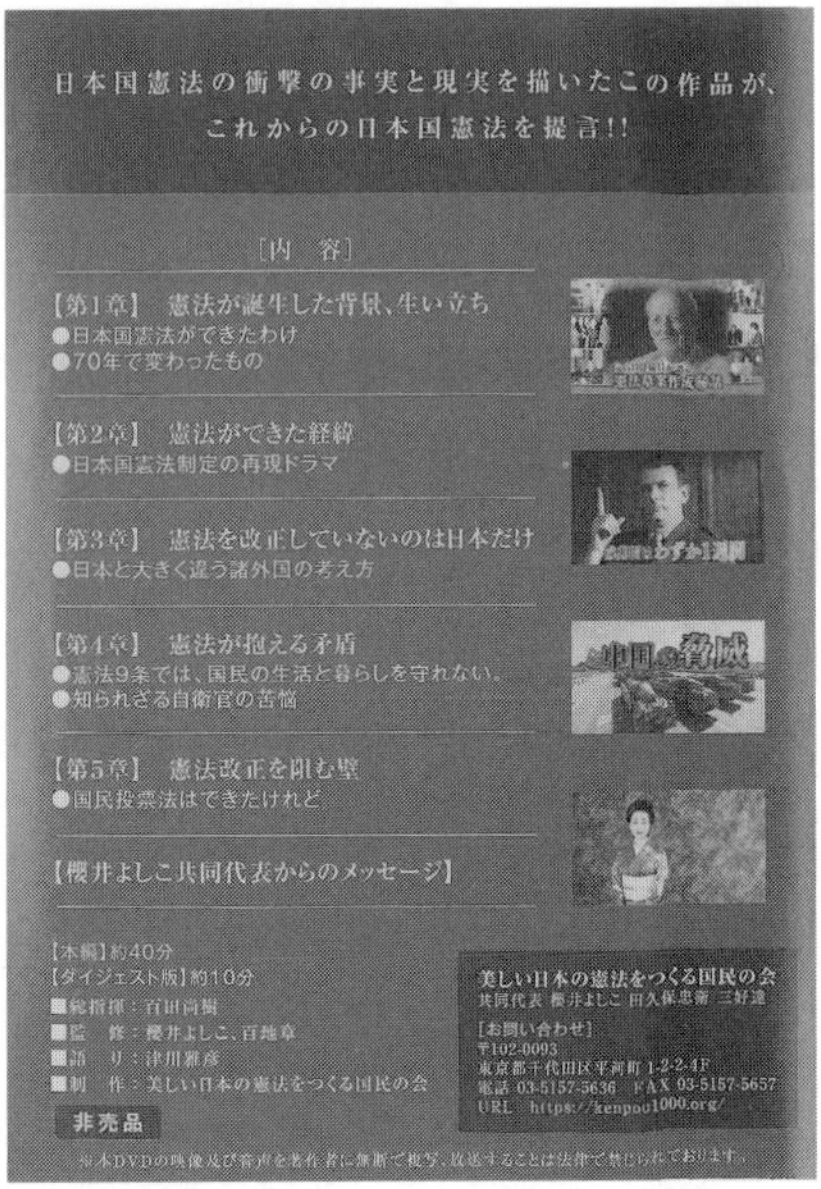

図１　『「世界は変わった　日本の憲法は？」――憲法改正の国民的議論を』監修：櫻井よしこ／百地章、制作：美しい日本の憲法をつくる国民の会

図2　「サザエさん一家」の銅像
(出典：前掲『「世界は変わった　日本の憲法は？」』)

なお前出の別冊「正論SP」は「百の論点」のうち「第54講　夫婦同性〔原文ママ。痛恨の誤植！：引用者注〕は違憲ではありませんでした」と「第55講　「家族」の大切さを再認識しようよ」の二つが二十四条に関連したものだが、執筆を担当しているのはいずれも百地である。

ちなみに図2で百地が背にしている——デジタル合成だが——のは、東京都世田谷区にある長谷川町子美術館の最寄り駅、東急田園都市線桜新町駅近くに設置されている「サザエさん一家」の銅像だ。「三世代同居」であるサザエさん一家を「理想の家族」としてアピールに用いているわけだ。もっとも、この桜新町駅前の像は、実は「フグ田家」の三人と「磯野家」の四人とが少し離れて配置されている。「サザエさん一家」と呼ばれるのは単にサザエさんが主人公だという理由だけでなく、〝妻の両親との同居〟であるこの一家が「磯野」という姓をもつメンバーと「フグ田」という姓をもつメンバーからなっているから、でもあるわけだ。百地をはじめ二十四条改憲論者の多くは選択的夫婦別姓制度の導入に強く反対し、別姓になると家族の絆が失われると主張している[2]。それが本当なら「サザエさん一家」の絆は姓の違いによって断ち切られているはずなのだが……どうもこの点は気にならなかったようだ。

それはさておき、二十四条改憲は百地一人のこだわりというわけではない。「国民の会」が二〇一五年十一月十日に日本武道館で開催した「今こそ憲法改正を！　一万人大会」での主催者代表あいさつで、共同代表の櫻井よしこは九条、緊急事態条項だけでなく、二十四条も意識した発言をしている。

先に「正論」二〇一六年四月号の改憲アンケートで、「これだけはなんとしても改正すべき、あるいは創設すべきだとお考えの条項や条文」という設問に「二十四条」と答えたのが二人だけだったことを紹介した。問題はその二人が高橋史朗・明星大学教授（当時）と勝岡寛次・明星大学戦後教育史研究センター研究員である、という点だ。一六年には日本会議に関する書籍が複数刊行されるちょっとしたブームが起きたが、一連の「日本会議本」で日本会議の活動を実質的に取り仕切っているとされているのが、谷口雅春を教祖とする宗教団体・生長の家の政治活動に起源をもつ日本青年協議会だ（現在、生長の家は日本会議とは政治的見解を異にしている旨を公表している）。高橋・勝岡の両人、そして椛島有三や百地はこの日本青年協議会の関係者という共通点をもっている。

それだけではない。おなじく日本青年協議会の関係者である伊藤哲夫――マスコミ報道で安倍首相の「ブレーン」の一人と報じられることがある人物――が代表を務める日本政策研究センターという右派シンクタンクがある。同センターが伊藤代表、岡田邦宏・同センター所長、小坂実・同センター研究員の共著として二〇一七年の五月に刊行した『これがわれらの憲法改正提案だ』(3)でも、九条および緊急事態条項と並んで、二十四条が改憲の課題三つの一つとして取り上げられていた。

〝観測気球〟に注意

以上を踏まえるなら、〝最優先課題として広く認識されているわけではないが、もっとも熱心な改憲論者によって強く意識されている〟というのが、現在の改憲論議での二十四条の位置づけだといっていいだろう。

実は、現時点での〝本命〟〝対抗〟というべき九条と緊急事態条項[4]には弱みがある。「日本教育再生機構」の理事長として育鵬社の教科書採択運動などに関わってきた八木秀次・麗澤大学教授は「正論」二〇一六年二月号（連載「フロント・アベニュー」）で「憲法改正に向けた運動戦略の練り直しが必要」としている。「これまでの憲法改正論の中心」に「憲法を改正して集団的自衛権の行使を可能にすべきだという主張」があったのに、集団的自衛権の行使を可能とする〝解釈改憲〟によって安保法制が成立（二〇一五年九月）したことで「憲法改正の根拠の一つを失ったと言ってもよい[5]」というのだ。

また緊急事態条項についても「災害時などを想定した緊急事態法制の整備のほうが急務」であって、緊急事態条項の新設は「要するに切迫性がなく、運動として盛り上がらない」としている。先に紹介した「正論」の改憲アンケートで緊急事態条項を最優先課題とする回答者が一人だけだったことを考えると、八木と同じように感じている改憲派は少なくないのかもしれない。

さらに九条については、どのようなかたちでの改憲を目指すかについて改憲派の意見が割れている。二〇一七年の憲法記念日に「国民の会」と民間憲法臨調（後述）が開催した改憲集会に安倍晋三首相が「九条一項、二項を残しつつ、自衛隊を明文で書き込むという考え方は国民的な議論に値するだろう」[6]というビデオメッセージを送ったことが原因だ。自民党内からも石破茂・衆議院議員が「朝日新聞」によるインタビュー（二〇一七年六月七日付）で「一種のトリッキーな、少なくとも真摯《しんし》な立法姿勢とは思えない」と疑義を呈し、自民党・憲法改正推進本部の論点整理でも九条については「自衛隊明記」と「九条二項削除」が併記されていた。その一方、「国民の会」と日本政策研究センターは本章執筆時点では「自衛隊明記」路線を支持する姿勢を見せている。[7]

国会発議には連立を組む公明党の協力が不可欠であることも考えれば、今後は九条や緊急事態条項以外のプランが浮上する可能性は十分にある。改憲派から打ち上げられるだろう〝観測気球〟に惑わされることがないよう、注意が必要だろう。

2　二十四条改憲派は何を主張しているのか

家族保護条項とは？

では、二十四条改憲に熱心な人々は、二十四条をどう変えようとしているのだろうか。「国民の会」共同代表である櫻井よしこが代表を務めるもう一つの改憲団体に民間憲法臨調（正式名称は「21世紀の日本と憲法」有識者懇談会）がある。事務局長が百地章、運営委員に百地のほか伊藤哲夫、椛島有三の両人が名を連ね、代表委員に田久保忠衛が含まれるなど、「国民の会」と同じく日本会議の影響下に成立している運動団体だ。ちなみに「国民の会」のDVDでナレーションを担当した津川雅彦も代表委員の一人。[8]この民間憲法臨調のブックレット『憲法改正の論点Q＆A』に収録された民間憲法臨調提言「新憲法制定に向けて〈中間報告〉」（二〇〇七年五月三日）は「家族の保護規定を設けるべきである」として、次のように主張している。

家族は、世界人権宣言や国際人権規約で明記されているように、「社会の自然的かつ基礎的な単位」である。また同時に、わが国においては、先祖を敬い、夫婦、親子、兄弟が助け合って幸せな家族を築き、これを子孫に継承していく、という縦軸としての家族観が美風として現存している。国家は、このような家族を保護し、支援していくべき存在である。[9]

また「産経新聞」が創刊八十周年事業として作成・発表した「国民の憲法」要綱では、現行二十四条に相当する条文は次のようになっている。

第二十三条（家族の尊重および保護、婚姻の自由）
1　家族は、社会の自然的かつ基礎的単位として尊重され、国および社会の保護を受ける。
2　家族は、互いに扶助し、健全な家庭を築くよう努めなければならない。
3　婚姻は、両性の合意に基づく。夫婦は、同等の権利を有し、相互に協力しなければならない。[10]

共通しているのは、①家族を社会の「自然」で「基礎的」な単位だとしている点、②国が家族を「保護」すべきだとしている点、③家族の相互扶助義務を課している点、の三つだ。[11]

このうち③については、福祉の後退につながるのではないかという危惧を直ちに感じる人が少なくないだろう。二〇一七年にはすでに、「生活保護を受けている人を扶養できる可能性のある親族に自治体がどう対応しているのか」の実態調査に厚生労働省が乗り出すことが報じられている。[12] このうえ憲法に家族の相互扶助義務が定められれば、ただでさえ捕捉率の低い生活保護がさらに受けにくくなるような制度運用が可能になりかねない。実は『これがわれらの憲法改正提案だ』はこうした批判を意識して、「家族の助け合いについては、仮にそれが国会発議や国民投票の妨げになるようなら、必ずしも置く必要はないと思います[13]」としている。優先順位としては③よりも①②というわけだ。そして①については特に違和感を感じない、②については国家が家族を保護してくれるのであれば福祉の充実が期待できてありがたい……と受け止める人が少なくないのではないだろうか。

「家族保護条項」はグローバル・スタンダード？

二十四条改憲派は①や②のような条項への抵抗を弱めるべくアピールしているが、そうした護憲派向けの主張のポイントは大別すれば二つだ。まず、民間憲法臨調の中間報告に言及があったように、世界人権宣言や国際人権規約が「家族の保護」をうたっていること、また諸外国の憲法で「家族の保護」を規定している例が多数あること。つまり〝家族保護条項はグローバル・スタンダードである〟というわけだ。(14)別冊「正論ＳＰ」の憲法特集号は「経済的、社会的及び文化的権利に関する国際規約」、通称国際人権規約（Ａ規約）から次のような一節を引いている。

第十条　この規約の締約国は、次のことを認める。
1　できる限り広範な保護及び援助が、社会の自然かつ基礎的な単位である家族に対し、特に、家族の形成のために並びに扶養児童の養育及び教育について責任を有する間に、与えられるべきである。婚姻は、両当事者の自由な合意に基づいて成立するものでなければならない。(15)

婚姻に関する規定は日本国憲法二十四条とそっくりなのがわかる。ここに、とりわけ子育て世代の保護をうたった条項を付け加えることは、少子高齢化で未来に不安をもつ人々にとって、素晴らしいアイデアにみえるかもしれない。
もう一つのアピールは、現行二十四条に対応する草案には家族保護規定があった、というものだ。ベアテ・シロタ・ゴードンという滞日経験がある女性が書いたこの草案には、「家族は人類社会の基底にして其の伝統は良かれ悪しかれ国民に浸透す」という一節があることを『これがわれらの憲法改正提案だ』は指摘する。(16)また「正論ＳＰ」の第55講では、ＧＨＱ（連合国軍総司令部）民政局が作成した第二次試案に「婚姻と家族とは、法の保護を受ける」と書いてあったことを紹介している（なお、この文言はベアテ草案にすでに含まれていた）。

戦後日本での女性の権利に関する貢献が高く評価されているベアテ・シロタ・ゴードンの草案に「家族保護条項」が含まれていたことは、二十四条改憲派にとっては痛快だったようだ。『これがわれらの憲法改正提案だ』は次のように述べている。

小坂　少なくとも私が調べた限りでは、ベアテ・シロタを持ち上げる護憲派も、その削除された部分については、敢えて評価を避けているように見えます。そこは護憲派にとって、都合の良い話ではないことは確かでしょう。(17)

これに対しては、これまでさんざん〝押し付け憲法〟だと反発してきた改憲派がベアテ草案・GHQ試案を引き合いに出して家族保護条項の新設を正当化するのか？、お互いさまじゃないか？と言いたくはなるが、「ベアテさんが考えた案と同じなら、女性にとって悪いことはないはずだ」と思わせる効果があることは確かだろう。

家族保護条項は「何を」保護するのか

こうした主張に対して、どのように反論すべきだろうか。筆者がみるところ、家族保護条項の文言そのものは〝グローバル・スタンダード〟だといえるにしても、問題は、二十四条改憲派によるその解釈はまったく〝グローバル・スタンダード〟に沿っていない、というところにある。言い換えれば、いまの日本で二十四条に家族保護条項が新設されても、決して国際人権規約（A規約）やベアテ草案が期待したような効果はもたらさないだろう、ということだ。以下で、筆者がそう考える理由を明らかにしたい。

3　右派にとって「家族」とは？

「家族」に関わる最高裁の判断

この数年、家族のあり方に関わる最高裁判所の判断がいくつか下っている。

まず二〇一三年九月四日と十八日には、遺産相続をめぐる計三件の家事審判の特別抗告審で、最高裁大法廷が非嫡出子の遺産相続分を嫡出子の半分としていた民法の規定を違憲とする全員一致の決定を下した（その後、十二月に改正民法が成立）。ついで一三年十二月十日、性同一性障害特例法に基づいて戸籍上の性を女性から変更した男性と結婚した女性が、第三者から精子の提供を受けて出産した子どもにつき、男性（夫）の子どもであるとする民法七百七十二条の嫡出推定を適用するという決定を下した。

さらに二〇一五年十二月十六日には最高裁大法廷が二つの判決を下している。まず、婚姻にあたって同じ姓を名乗らなければならない、夫婦別姓を認めていない民法の規定は憲法二十四条などに違反しているとして起こされていた訴訟に対しては、合憲とする原告敗訴の判決が下った。一方、女性にだけ離婚後三百日の再婚禁止期間を設けている民法の規定については、離婚後百日を超える部分については違憲と判決した（再婚禁止期間を設けること自体は合憲とされたことになる）。

二〇一三年の二つの違憲判断は右派論壇を震撼させ、一五年の合憲、一部違憲（一部合憲）判決に歓喜の声が上がったことは、右派論壇の議論になじみがない読者にも容易に想像がつくだろう。一三年の違憲判断を受けて『正論』二〇一四年三月号が組んだ特集タイトルが「蠢動する家族破壊主義者たち」であり、一五年の判決を受けて同誌二〇一六年三月号が組んだ特集タイトルが「家族の「逆襲」」だったことが、右派の対照的な反応を象徴している。一連の最高裁の判断に関する右派の言説は、二十四条改憲派の家族観を考えるうえで非常に示唆的なので、二つの特集を中心に詳しく紹介しておこう。

「違憲」判断への反応

二〇一四年三月号の特集は二〇一七年末に亡くなった評論家の西部邁と八木秀次の「対談　何サマや最高裁！　婚外子・性転換「父」子裁判の浅慮と傲慢を糺す」、そして少子化についての著作をもつ河合雅司・産経新聞論説委員の「「日本人の家族観は変わった」の虚偽宣伝に騙されるな」からなっている。

まず婚外子の相続規定についてだが、西部から唖然とするような差別的発言が飛び出している。「統計的な平均値を予測すると、〔婚外子は：引用者注〕人間の能力と徳性において、いささかならず欠陥を持たされることが多い。それ故、相続においても差別や区別があって然るべしという、そういう理屈」になる、というのだ。「能力と徳性」の差によって相続での差別が正当化されるというのも暴論だが、そもそも婚外子は「能力や徳性」が劣るとする「予測」の根拠もまたひどいものだ。

> （略）親の遺伝子が、ある意味では半端なものですから。生まれた子供は、生得的にいえば半端なものに決まっている。その家庭の中で時間をかけて養育し、教育し、つまり自分たち男女の欠点を少しでも修正し、できれば長所を付け加えていくという時間がかかる作業として、そういう親子関係《（ママ）》ある。人間の能力とか徳性というものは、そういう時間をかけた自分たちの遺伝子が半ばおかしいということを自覚した上での、努力の結果として、形成されるのです[18]。

嫡出子を養育している親のうちいったいどれだけが「自分たちの遺伝子が半ばおかしいということを自覚」して子育てをしているのか、聞いてみたいものである。メンデルの研究が知られるようになる以前の人間は、それ以降の人間よりも「能力や徳性」が劣るということになるのだろうか。ここに登場する「遺伝子」という概念は実質的には無意味なのだ。「遺伝子」というレトリックを取り除けば、あとに残るのは非嫡出子に対する、そして対談している二人が非嫡出子を育てる世帯としておそらく想定している、シングルマザー世帯に対する偏見だ。非嫡出子は「家庭の中」では養育、教育されない。つまりシングルマザー世帯は「家族」ではないと言っているも同然ではないか。

しかし、こうした認識は決して西部一人のものではない。百地章監修のブックレット『女子の集まる憲法おしゃべりカフェ[19]』でも「今の日本は、シングルマザーなど片親世帯への支援が、家族を持っている人たちへの支援に比べて多い」（傍点は引用者）とされている。素直に解釈すれば「片親世帯」は「家族を持っている人たち」のうちに入らないことになる。また、最高裁判所の違憲判断を受けた民法改正案をとりまとめる過程では、自民党議員から「なぜ正妻の子と「めかけさんの子」に違いが出るのか調べて理解してもらわなければならない」といった発言も飛び出したと報じられている[20]。

嫡出推定を適用するという判断については、同じ対談のなかで八木が次のように発言している。少し長くなるが、二十四条改憲派（八木自身は九条改憲を最優先とする立場だが、二〇〇〇年代前半の「男女共同参画」政策へのバックラッシュ〔反動・揺り戻し〕を主導したイデオローグの一人であり、家族に関するその主張は二十四条改憲派と共通している）の家族観を理解するうえで重要なポイントを含んでいるので一段落全体を引用する。

> しかも、性転換した「男性」と子供に法律上の親子関係をつくってやるという意味では、実子扱いしなくても特別養子縁組という解決策もあったのです。それもせずに、実子と同じ扱いにすると、今度は男性から性転換した「女性」が男性と結婚したとき、第三者の卵子を借りてきて、「借り腹」で得た子供についても、実子にしなければならないという論理も出てくるでしょう。血縁関係がなくても実子と認めるという論理は、性同一性障害以外の男女の夫婦にも

適用されることになる。不妊の女性が、夫の精子と第三者の卵子や出産で授かった子供にも、母子関係を認めるというケースにも発展する。子供がつくれなくても実子がもてるということになれば、同性婚を認める論理にもつながります。[21]

婚外子の相続に関しては、法律婚の枠組み外で生まれた子どもと法律婚の枠組み内で生まれた子どもを区別すべきだと主張していたのに、今度は法律婚の枠内で生まれた子どもに区別をつけようとしているところに注目してもらいたい（同性婚が法制化されたうえで同性婚カップルが子どもをもてば、それもまた法律婚の枠組み内での子どもということになる）。また、婚外子の相続に関しては、被相続人との間に生物学的な親子関係がある子どもに対する差別を正当なものだと主張していたのに、今度は父子の間に生物学的なつながりがないことを理由に「実子」とは異なる扱いをすべきだ、としていることにも注目してもらいたい。引用文中で言及している特別養子縁組制度については、厚生労働省が「実の子と同じ親子関係を結ぶ制度」だと説明しているのだが、八木はその特別養子縁組制度を使って〝実子扱いしない〟選択肢を選ぶべきだった、としているわけだ。「性転換した」人の性別についていちいち「　」をつけてみたり、「代理懐胎」「代理母」といった一般的な用語ではなくわざわざ「借り腹」などという用語を用いている点からも、八木（あるいは「正論」編集部）の差別的な意識がにじみ出て、というよりもあふれ出ている。

「合憲」「一部合憲」判断への反応

最高裁判所について二〇一四年三月号の「正論」誌上で「一人ぐらい、常識を働かせる裁判官がいてもいいはずなのに、いなかった」と罵った八木が「記者のなかには私の年来の主張を最高裁が受け入れたのではないかと指摘する者もいて、改めて判決文の詳細を読み返すと、なるほどそのとおりと思われるところも多かった」とデレデレになっているのが、「正論」二〇一六年三月号に掲載された「家族解体の流れを断ち切る「夫婦別姓・再婚禁止期間」最高裁判決」だ。

まず女性にだけ課されている再婚禁止期間に関して、百日を超える部分に対してだけ違憲だとした判断について。DNA鑑定によって生物学的な父子関係が判定できる現在では再婚禁止期間を設けるのは無意味だ、という批判を想定して、八木は「子供が生まれる度に科学的に生物学上の父親を判断する社会は健全ではない」と主張する。二〇一四年三月号ではあれほど「血縁関係」にこだわっていたのに、だ。再婚禁止期間を全廃したからといって、「子供が生まれる度に科学的に生物学上の父親を判断する」必要など生じないのだが。

次に、夫婦同姓強制を合憲とする判断について、八木は次のように述べている。

ここで重要なのは家族を「社会の構成要素」「社会の自然かつ基礎的な集団単位」であるとしていることだ。私の知るところ、家族を「社会の自然かつ基礎的な集団単位」とした判決を最高裁が出したことはない。判決が画期的である所以だ。「社会の自然かつ基礎的な集団単位」との表現は最高裁の独創ではない。世界人権宣言（一九四八年）第十六条の文言そのものであり、国際人権規約A規約〔経済的、社会的及び文化的権利に関する国際規約〕（六六年採択、七六年発行、七九年批准）第十条も家族を「社会の自然かつ基礎的な単位」としている。これらを踏まえたものだが、判決が家族共同体の意義を重視したものであることが窺える。[22]

二十四条改憲派が国際人権規約（A規約）を盾に家族保護条項の新設を主張していることは先に紹介したが、右派のそうした主張が受け入れられた、と喜んでいるわけだ。

このような右派の反応について指摘できるのは、〝グローバル・スタンダード〟をめぐるダブル・スタンダードだ。二十四条改憲派は家族保護条項が国際的な常識だと主張する一方で、強制的夫婦同姓制度や女性だけの再婚禁止期間が日本の〝ガラパゴス的〟な制度であることは看過している。興味深いことに、二〇一五年十二月十六日付の「産経新聞」大阪本社版夕刊社会面の記事には、「法務省によると、法律で夫婦同姓を規定する国は現在、日本以外に確認できていない。再婚禁止期間を設けている国もほとんどなく、女性差別との批判もある」という記述がある。東京本社や政治部とは違った視点が「産経新聞」内部にもあることがうかがえる。

前出の『これがわれらの憲法改正提案だ』もまた、家族保護条項は国際的な常識であるとする立場をとっているのだが、同書で二十四条に関する議論をリードしている小坂実がブックレット『提案！日本の家族政策』では「家族に「グローバル・スタンダード」はない」[23]としている点も注目に値する。なぜなら普遍性をもつ家族保護条項が保護するものが普遍的なものだとはかぎらない、ということなのだから。そもそも右派は憲法が国柄、「国体」を現すものでなければならないと主張してきたことを考えると、〝グローバル・スタンダード〟が単なる口実以上の意味をもつとは思えない。

ご都合主義的な〝使い分け〟はもう一つある。先に言及した『正論』二〇一四年三月号の河合雅司論考は、一三年の非嫡出子の相続に関する最高裁の違憲判断が、「婚姻や家族の形態が著しく多様化し、国民意識の多様化が大きく進んでいる」ことを根拠の一つとしている点に反論しようとしたものだ。実際には事実婚や婚外子はたいして増えておらず、また「家族よりも、個人の価値観を重視し仕事や趣味など自分のやりたいことを優先する生き方」も主流になってはいない、と主張している。これが非常に興味深いのは、二十四条改憲派はむしろここでの河合とは逆のことを主張して、家族保護条項の必要性を訴えてきたからだ。例えば渡辺利夫・拓殖大学学事顧問は「未婚、離婚がごく当たり前の社会現象となり、単身世帯が急増している」とし、それについて「日本人の心に巣くう個体至上主義のエゴイズムが事実の根因[24]」だとしている。小坂実は「そもそも戦後の日本では、「個人の尊厳」を原理とする憲法のもとで、家族よりも個人を優先する価値観が国民に植え付けられてきた」「離婚や非婚を推奨さえするような悪しき風潮がマスコミ主導で作られ、今や「単身世帯」が世帯類型のトップとなった[25]」としている。二十四条改憲論の〝東の横綱〟的存在である高橋史朗は「「家族からの自立」イデオロギーが、「家族の個人化」を強調する家庭科教科書によって喧伝され、「親になる」準備教育を担うべき家庭科教科書が、逆に少子化の根因である未婚化を推進する役割を果たしてきた[26]」としている。なにより、河合自身が著書のなかでは少子化について次のように主張しているのだ。

それは、ＧＨＱによってもたらされた価値観の変化を抜きには考えられない。日本国憲法二十四条によって植え付けられた「個人の権利」を強調する風潮が、家族の形成を否定し、国家が結婚や人口政策に口出しをすることに過剰反応する雰囲気を作り出してきたのである。[27]

非婚化や少子化の責任は家族をめぐる価値観の変化に押し付ける一方、日本社会の意識は変わっていないとして制度改革は拒否する。せめてどちらか一つを選んで主張してもらいたいものだ。

二十四条改憲で「保護」されるもの

ここであらためて一連の最高裁の判断を振り返ると、四つのうち三つは〝家族をもちたい〟〝家庭を形成したい〟という望み、あえて語弊がある表現を用いるなら〝普通の家族〟と同じ扱いを受けたいという望みに関わるものだということがわかる。[28]同性婚についても同じことが言えるだろう。しかし八木らは家族の保護を訴える一方で、こうした望みには背を向けている。例えば一定の要件を満たした同性カップルに「証明書」を発行するとした渋谷区の「男女平等及び多様性を尊重する社会を推進する条例案」（当時）を「正論」で「明治神宮が「同性婚の聖地」になる日」[29]という扇情的なタイトルで取り上げた八木は、「次世代を産み育てる機能を有する男女の結婚を他の人的関係よりも制度として優遇」する必要がある、としてこの条例案を批判している。しかし八木が考えるような意味での「男女の結婚」から排除されるのは、同性のカップルに限られるわけではない。

ここまでくれば、家族保護条項の新設を主張する人々がいったい何を保護しようとしているのか――そして何を保護の対象から外そうとしているのか――は明白だろう。同性のカップル、一方ないし双方が性別適合手術を受けているカップル、結婚後も別姓を望むカップル、子どもをもたないと決めたカップル（夫婦）。これらはすべて「家族」として保護するに値しない、というのが二十四条改憲論の論理だ。彼らが護憲派への批判のために持ち出したベアテ草案には、未婚の母を保護するという条項や非嫡出子の差別を禁じる条項があったのだが、いまの改憲派の家族保護条項にはそのような志は含まれていないのだ。

4　「自然な」家族とは？

生物学的レトリック

二十四条改憲派が提唱する家族保護条項が、家族を社会の「自然的」な基礎単位と位置づけていることは先に確認した。では、この「自然」はいったい何を意味しているのか。これが本章の最後の問いである。

家族に関する右派の言説を読んでいると、彼らがしばしば進化論や遺伝学などに由来する用語で自らの主張に説得力を与えようとしているケースに出合う。西部邁が婚外子差別を「遺伝子」によって正当化しようとしたことは先に見たとおりだ。高橋史朗は「発達心理学や脳科学の最新の科学的知見によって、日本の伝統的な子育ての意義が創造的に再発見されているのです[30]」と主張している。日本会議北海道の理事長で多数の育児書の著者でもある小児科医の田下昌明は、子育ての意義について「生物学的に言うともっとはっきりしています。人類のＤＮＡには「自分と血縁度の大きいＤＮＡを生命のバトンタッチ、つまり親から子へつなぐことによって、末永く地球上に残したい」とプログラムされているのです[31]」と述べ、親の性的役割分業を「父と母に役割があるということは、有性生殖をする生物の原則なのであって、この点を否定するフェミニズムの考え方は間違っています[32]」として正当化している。本章でたびたびご登場いただいた八木秀次が、皇位継承を男系に限るべきだとする論拠として男性だけがもつ「Ｙ染色体」を持ち出した……ことはさすがに右派からも批判を浴びたが。

ところが興味深いことに、右派の言論にはときおり反進化論的な主張が現れることがある。「産経新聞」は二〇〇五年九月二十六日付朝刊に掲載した「「反進化論」米で台頭　渡辺久義・京大名誉教授に聞く」という記事で、インテリジェント・デザイン論（記事の表記は「インテリジェントデザイン」）を好意的に取り上げている。インテリジェント・デザイン（ＩＤ）論とはアメリカの宗教保守派が合衆国憲法の政教分離規定をかいくぐって創造説を公立学校に持ち込もうとして考え出したものであり、日本ではもっぱら世界平和統一家庭連合（旧統一協会）が主張している。英米文学研究者（！）の渡辺が代表を務める創造デザイン学会の連絡先は世田谷区にある世界平和教授アカデミー内に設定されているが、これは旧統一協会のフロント団体としてよく知られている。

「産経新聞」といえどもさすがにこれほど露骨なヨイショ記事を書いたのは筆者が確認したかぎりではこの一度きりなので、社を挙げてＩＤ論を推進するつもりでないことは確かだ。しかしこの記事が興味深いのは、ＩＤ論を教えるべきだとするその理由だ。渡辺は「日本の学校でも教えるべきですか？」という問いにこう答えている。

思考訓練として教えるべきです。でないと日本人の頭は硬直したままです。それに「生命は無生物から発生した」「人間の祖先はサルである」という唯物論的教育で「生命の根源に対する畏敬（いけい）の念」（一九六六年〔昭和四十一年〕の中教審答申「期待される人間像」の文言）がはぐくまれるわけがありません。進化論偏向教育は完全に道徳教育の足を引っ張るものです。[33]
（傍点は引用者）

さらにこの記事では「日本神話の再評価を訴えている作家・日本画家の出雲井晶さん」が「道徳の上では人間は人間、獣は獣。人間を獣の次元に落とす進化論偏向教育が子供たちを野蛮にしている」というコメントを寄せ、また政治学者の中川八洋・筑波大学教授（当時）の著書から「文明の政治社会の人間の祖先として「神の創造した人間」という非科学的な神話は人間をより高貴なものへと発展させる自覚と責任をわれわれに与えるが、「サルの子孫」という非科学的な神話（神学）は、人間の人間としての自己否定を促しその退行や動物化を正当化する」[34]という進化論批判を引用している。

このように進化論の否定が「道徳」と結び付けられていることに注目したのは、創造説のもう一つのバリエーションである「サムシング・グレート」――生物の誕生と進化は単なる偶然のプロセスではなく、人知を超えた偉大なるなにものか＝サムシング・グレートのはたらきが関わっている、とする考え方――が、育鵬社の中学校道徳教科書に取り上げられているからだ。提唱者である村上和雄・筑波大学名誉教授は、育鵬社の教科書発行を〝支援〟するために作った団体「教科書改善の会」のシンポジウムで講演するなど、さまざまな右派系団体と関わりをもっている。

こうしたことからうかがえるのは、右派にとって「自然」の秩序が価値負荷的なもの、単なる存在 Sein ではなく当為 Sollen である、ということだ。先の渡辺久義も同じ記事のなかで「宇宙に目的も方向もありえないとする唯物論、機械論が正しいなら、ダーウィンの進化論以外に全く考えようがなくなります」としているとおり、ダーヴィニズムの重要な意義は非目的論的な生命理解を可能にしたところにある。その点が、価値負荷的な自然観とぶつかるのだ。彼らにとって、例えば性別の存在は単なる生物学的な事実ではなく、道徳的な意味を帯びている。だからこそ父親と母親の役割は違わなければならないのである。

前出の田下昌明が、「種を保存するためには個を犠牲にする」、「「種は個に優先する」という鉄則」が「どの生物のＤＮＡにもプログラムされている[35]」といった、とうの昔に生物学では捨て去られた考え方を持ち出しているのも同じ理由による。進化論を正しく理解するならば生殖に道徳的な意味など読み込むことはできないはずである。生物学的な諸概念が、右派イデオロギーに基づく価値を帯びた秩序を正当化するために用いられていることがよくわかるだろう。

百地などがことあるごとに強調する「縦の家族」、先祖から子孫への生命のつながりももちろん単なる生物学的な事実を超えた意味をもたされている。渡辺利夫の「個体至上主義を脱して「生命至上主義」を復元せよ。生命といえば過去と現在、現在と未来をつなぐ生命現象の全体であり、自ずとそこには国体が刻み込まれる」[36]（傍点は引用者）といった主張をみればそのことがよくわかるだろう。単なる生物学的な意味での生命の連続性に「国体」など現れてくるはずもないのだから。

百地自身も現行憲法について、「先祖からの命の流れによる家族、この縦軸」との対比で「例えば家族についてですが、二十四条では「両性の合意にもとづく」と記述されていますが、いわば人為的な家族、横軸のみです[37]」と非常に興味深い発言をしている。「人為」と対比するからには、「縦軸」は〝自然〟だということになるはずである。二十四条が規定する婚姻が社会的な制度――フィシス（自然・本性）ではなくノモス（法律・慣習）――であるという意味ではなるほど「横軸」は「人為」だろうが、その「人為」によってつなげられる「縦軸」はどのような意味で〝自然〟なのか。一人の人間は三代前の生物学的な祖先を八人、四代前の祖先を十六人、五代前の祖先を三十二人……もつ（祖先の間でイトコ婚などがあればより少なくなるが）。これらの祖先はみな生物学的には等価だが、〝女系天皇〟の容認に激しく反対していた百地が「縦軸」として想定しているのは「人為」にすぎない男系の祖先だけではないのだろうか。

前項で取り上げた嫡出推定適用に関する最高裁の判断について、八木は申立人夫婦の男性の発言を「明らかに自然に逆らっています」と非難していた[38]。同性婚も、別姓婚も、シングルマザー世帯も、このように価値負荷的な自然観のもとではすべて「自然に逆らって」いるものとして排除されてしまう。「社会の自然的かつ基礎的な単位」という、特におかしなところなどないように思える家族の位置づけに筆者が危惧の念をもつのは、このような理由によるのである。

注

（1）なお、ＤＶＤに付属するリーフレットでは改憲の目標として七つの論点、すなわち「前文」「元首」「九条」「環境」「緊急事態」「九十六条」と並んで「家族」が挙げられている。

（2）実例を挙げていけば本当にきりがないが、例えば以下の論考は右派が「夫婦別姓」「少子化」「家族の絆」「リプロダクティヴ・ライツ」といったテーマ間にどのような結び付きを見いだしているかが非常にわかりやすい、という意味で示唆的である。岡本明子「「少子化対策としての夫婦別姓」の嘘にだまされるな」（「正論」二〇〇四年八月号、産経新聞社）を参照。

（3）伊藤哲夫／岡田邦宏／小坂実、「明日への選択」編集部編『これがわれらの憲法改正提案だ――護憲派よ、それでも憲法改正に反対か？』日本政策研究センター、二〇一七年

（4）二〇一七年十二月に自民党の憲法改正推進本部がとりまとめた「論点整理」でも、この二つが四つの論点のうちに含まれ、二十四条への言及はなかった。

（5）ただし、結論として八木は「やはり正面から憲法九条、それも二項の改正を主張するのが得策」だとしている。

（6）この「九条三項加憲」というアイデアは、二〇一六年の参院選の直後に前出の伊藤哲夫氏が「日本政策研究センター」の機関誌で提案していたものである。伊藤哲夫「「三分の二」獲得後の改憲戦略」（「明日への選択」二〇一六年九月号、日本政策研究センター）を参照。

（7）二〇一八年二月十一日に日本会議兵庫の主催で開催された「建国記念の日を祝う会」で配布されていた「国民の会」と「日本政策研究センター」のチラシは、いずれも「自衛隊明記」をうたったものだった。
（8）以上は『憲法改正の論点Q&A――あなたの疑問に答える二十の論点』（民間憲法臨調運営委員会編、明成社、二〇一二年）の第四刷（二〇一四年一月）によっている。
（9）民間憲法臨調提言「新憲法制定に向けて〈中間報告〉」、同書所収、五六―五七ページ
（10）「産経新聞」ウェブサイト（https://www.sankei.com/politics/news/130426/plt1304260003-n1.html）［二〇一六年五月二十一日アクセス］
（11）なお、自民党が二〇一二年にまとめた日本国憲法改正草案では、①と③にあたる規定はある一方、②が欠けている。前掲『これがわれらの憲法改正提案だ』は福祉切り捨てだという批判を招いているとして、この点を批判している（一六四―一六五ページ）。
（12）「生活保護の「扶養義務」を調査へ」「朝日新聞」二〇一七年七月二十日付
（13）前掲『これがわれらの憲法改正提案だ』一六五ページ
（14）同書によれば、「われわれが目指す家族保護条項というのは、改正提案でも述べたように、世界の常識であって、それこそ「人類普遍の原理」でもあるわけですから」（一六八ページ）とのことだ。
（15）百地章「第54講」「正論SP（スペシャル）　高校生にも読んでほしい　そうだったのか！　日本国憲法百の論点」二〇一六年四月号（憲法特集号）、産経新聞社、一六七ページ
（16）前掲『これがわれらの憲法改正提案だ』一七九ページ
（17）同書一七九ページ
（18）西部邁／八木秀次「対談　何サマや最高裁！　婚外子・性転換「父」子裁判の浅慮と傲慢を糺す

（特集 蠢動する家族破壊主義者たち）」「正論」二〇一四年三月号、産経新聞社、二五三ページ

(19) 百地章監修『女子の集まる憲法おしゃべりカフェ』明成社、二〇一四年、三〇ページ

(20)「婚外子相続規定　最高裁が違憲判決　自民保守派が猛反発」（「北海道新聞」二〇一三年十一月四日付朝刊）を参照。なお、この裁判で争われたケースは別として、嫡出子と非嫡出子の相続分に関わる争いが、俗に言う〝不倫〟の結果のケースに限られるわけでもない。法律婚で子どもをもうけた夫婦が離婚したのち、その一方ないし両方が事実婚で子どもをもうけた場合（事実婚と法律婚の順番が逆の場合でも同様）には、自民党議員がいうところの正妻の子／愛人の子という区別とは別のレベルで嫡出子／非嫡出子の相続での平等が問題になりうる。

(21) 前掲「対談　何サマや最高裁！　婚外子・性転換「父」子裁判の浅慮と傲慢を糺す」二五六ページ

(22) 八木秀次「家族解体政策の流れを断ち切る「夫婦別姓・再婚禁止期間」最高裁判決」「正論」二〇一六年三月号、産経新聞社、二〇二―二〇三ページ

(23) 小坂実『提案！日本の家族制度――「個人」から「家族」へ政策転換を』日本政策研究センター、二〇一一年、五五ページ

(24) 渡辺利夫「「8・15」に思う　戦後「個体至上主義」から脱却を」「産経新聞」二〇一四年八月五日付朝刊

(25) 前掲『提案！日本の家族政策』一一ページ

(26) 高橋史朗「少子化助長する家庭科教科書」「産経新聞」二〇一四年十月十八日付朝刊

(27) 河合雅司『日本の少子化　百年の迷走――人口をめぐる「静かなる戦争」』（新潮選書）、新潮社、二〇一五年、二五九ページ

(28) 注（20）で指摘したように、非嫡出子差別に関する違憲判断とそれを受けた民法改正もまた、場合

によっては〝普通の家族〟並みに、という望みと関わるものになる。
(29)八木秀次「明治神宮が「同性婚の聖地」になる日」「正論」二〇一五年五月号、産経新聞社、二二六ページ
(30)高橋史朗『脳科学から見た日本の伝統的子育て――発達障害は予防、改善できる』(生涯学習ブックレット)、モラロジー研究所、二〇一〇年、一四ページを参照。なお、二〇一二年に大阪維新の会の市議団が作成した「家庭教育支援条例案」に、「伝統的な子育てによって発達障害は予防、防止できる」とする条文を含んでいたため激しい批判を浴び、撤回に追い込まれるという事態になった。このブックレットではその条例案のとおりの主張が展開されている。
(31)田下昌明『「子育て」が危ない――間違いだらけのフェミニズム「子育て論」』日本政策研究センター、二〇〇二年、七ページ
(32)同書二七ページ
(33)「「反進化論」米で台頭　渡辺久義・京大名誉教授に聞く」「産経新聞」二〇〇五年九月二十六日付朝刊
(34)同記事
(35)前掲『「子育て」が危ない』二七ページ
(36)前掲「「8・15」に思う　戦後「個体至上主義」から脱却を」
(37)「シンポジウム「今こそ、憲法改正のとき」「日本」回復へ、機は熟した」「産経新聞」二〇一六年五月三日付朝刊。傍点は引用者。
(38)前掲「対談　何サマや最高裁!　婚外子・性転換「父」子裁判の浅慮と傲慢を糺す(特集　蠢動する家族破壊主義者たち)」二五八ページ

第3章　バックラッシュと官製婚活の連続性

――「女性活躍」の背後で剝奪されるリプロダクティブ・ヘルス／ライツ

斉藤正美

はじめに

現在、女性活躍が叫ばれ、女性や家族に関する政策や法案提出が続々と進められている。しかし、それを主導する政権を率いる安倍晋三議員が、二〇〇〇年代にバックラッシュ（反動）を主導していたことを知らない方もいるだろう。

二〇〇〇年前後からジェンダーフリー[1]・性教育批判などフェミニズムへの激しいバックラッシュが起きていた。〇二年には中学生の性教育の副教材が攻撃の対象となり、実質的回収に追い込まれ、その後、性教育は後退を余儀なくされた。安倍議員はその中心人物の一人だった。当時、官房長官代理だった安倍は、〇五年に自民党の「過激な性教育・ジェンダーフリー教育実態調査プロジェクトチーム（ＰＴ）」の座長として報告書をまとめ、政府に要望書を提出した。こうした安倍ら自民党右派のはたらきかけが奏功し、政府は「ジェンダーフリー」を今後使わないことに決め、その後も男女共同参画に消極的な対応をした。安倍ら右派はバックラッシュによって男女共同参画政策に一定の「歯止め」をかけたのだ。

その直後の第一次安倍晋三内閣は教育基本法を改定して「家庭教育」条項を新設し、子育て中の母親らに親学びや親学習を広げていく契機を作った。さらに、二〇一二年に誕生した第二次安倍晋三内閣では、国や自治体が結婚や家族などのプライベートに干渉する官製婚活政策を開始した。一五年の少子化社会対策大綱には結婚支援が初めて記載され、五年間集中的に取り組むことが決定された。同年、アベノミクス「新三本の矢」の第二の矢として「夢を紡ぐ子育て支援（希望出生率一・八）」という数値目標を設定し、一六年には「ニッポン一億総活躍プラン」でさらに細かな数値目標を立て、十年間に及ぶ詳細なロードマップを作成した。

このように「女性活躍」を看板政策としながら、家庭教育や婚活政策も積極的に進める第二次安倍政権下でのジェンダー・セクシュアリティ政策は、安倍議員も関与した二〇〇〇年代半ばのバックラッシュとどのように関係するのだろうか。こうした安倍晋三政治の連続・非連続については、女性に関する政治という観点からも非常に重要なテーマと考えられるが、これまで十分には検討されていない。(2)

本章では、安倍議員が深く関わっているこの二つの動きがどのように関係しているか、二〇〇〇年代前半を通して安倍議員がおこなってきた取り組みが私たちの生活、特に女性の生活や生き方をどのように変えてきたのか、について論じたい。

まず、現在の安倍政権下での婚活政策について、私たちの生活にどのような影響を与えているかについて検討する。

1　安倍政権の官製婚活の問題——「三十五歳以上の女はいらない」

安倍政権下の官製婚活とは、国の少子化対策として全国の自治体でおこなわれている結婚支援策を指す。官製婚活の種類には、おおまかにいって、①一対一のお見合い・マッチングシステム、②婚活パーティー、出会いイベント、③結婚希望者を対象にした女子力やコミュニケーション力のアップなどの婚活セミナー、④学校などで学生を対象にしたライフプラン教育などがある。二〇一三年以降、安倍晋三内閣が少子化対策として「結婚・妊娠・出産・育児の切れ目のない支援」のために、地方自治体に向けて一斉に交付金を付与したことによって実現している。これらは、女性を早く結婚させて若いうちからたくさんの子どもを産ませようという発想に基づいていて、二十代で結婚し、子どもを多くもつことを奨励する婚活・妊活キャンペーンが展開された。

二〇一三年五月の「少子化危機突破タスクフォース」時、「卵子老化」を啓蒙する「生命（いのち）と女性の手帳（通称「女性手帳」）」を配布する案が出されたが、批判が沸き上がり、とりやめになった。しかし、その後も同様の啓発が続いたため、誤解や流言が生まれて、「女性は三十五歳が（子どもを産む）ボーダーライン」だという「知識」が一部に流布するようになった。その結果、婚活現場では男たちが女を若くて「産める女」と、年取って「産めない女」に選別し、かつ三十五歳以上の女性と結婚したら障碍児が生まれる、と三十五歳以上の女性と障碍児を排除するきわめて危険な思想として表れている。(3)「女性手帳」がとりやめになったにしろ、その発想自体が維持されていて、二十代で結婚して子どもを多くもつことを奨励する婚活・妊活キャンペーンはさまざまなかたちで継続されたのである。

「高齢」出産への不安の増大——出生前検査や「卵活」

こうしたキャンペーンは、三十代女性をはじめとして多くの人たちに深刻な影響をもたらしている。「学術の動向」二〇一七年八月号の特集「卵子の老化」が問題になる社会を考える」のなかで、医療人類学者の柘植あづみは「「私、高齢だから」と女性が言う場合、多くの人は高齢者を想像するだろう。ところが最近三十代半ばの女性がこのようにいうのを耳にすることが増えた」(4)と述べ、彼女たちは、自分の年齢に焦りを感じながらもすぐには妊娠・出産できず、そのために高額な費用を支払っても卵子や卵巣の一部を凍結保存する動きが見られるという。それは「卵活」という言葉で呼ばれる。柘植は、「三十四歳と三十五歳の間の染色体異数性が発生する割合には大きな差はないにもかかわらず、そこに線引きがなされ、「高齢」を理由に三十五歳以上の妊婦が出生前検査を受ける」[5]ことから、高齢妊娠への不安が、医学知識からではなく、社会的に形成されたものであることを指摘する。

一方、同じ特集で医療社会学者の菅野摂子は、「一九二五年からの各年齢コーホート別の出生率をみると、一九五〇年頃までは、三十五歳以上で出産する人が少なくなかった」[6]ことを指摘する。実際、一九四七年は三十五歳以上の出産が全出産の一九・七％にのぼり、五〇年は、一五・六％を占めていることが菅野の言及するデータから導き出される。[7]さらに菅野は、「かつて多くの「高齢出産」があったことが注目されなかった」ことも影響して、現在では「卵子の老化」などさまざまなリスクが指摘され、「高齢」妊娠に否定的な意味づけがなされるようになったため、「高齢」妊娠への不安が高まり、胎児の障碍への注視と出生前検査の責任を女性たちに負わせることになっている現状に警鐘を鳴らす。[8]

こうして政府が若年で結婚させようと「卵子の老化」などと危機感を煽ってきたことによって、現場では、当初の意図とは異なり、三十五歳以上の女性たちが結婚しづらい状況が生まれ始めている。それとともに、リスクが言い立てられることから、子どもを産もうとすると「高齢」出産の不安に女性だけが著しく悩むことになっている。

「希望出生率一・八」「企業子宝率」という指標の危うさ

さらに、安倍政権は、二〇一五年十一月にアベノミクス経済政策の一環として「新三本の矢」を打ち出した。その「第二の矢」が「夢を紡ぐ子育て支援（希望出生率一・八）」という数値目標の設定だった。そして、結婚や出産などの希望が満たされることによって希望出生率一・八がかなう社会の実現を目指し、婚活支援策がとられた。また、二〇二〇年までに名目GDP（国内総生産）が六百兆円という強い経済を達成するために、「一億総活躍社会」の一環としての女性の活躍や地方創生を掲げた。「希望出生率一・八」もそうした経済政策の一つである。[9]

出生率の数値目標を含む人口政策の発動について、厚生労働省の施設等機関である国立社会保障・人口問題研究所の阿藤誠名誉所長は、「学術の動向」二〇一七年八月号の論文「日本の少子化と少子化対策」で、「今日の先進諸国では例外的であり、日本では一九四一年の人口政策確立要綱以来である」[10]と批判している。さらに、「このような国による人口・出生率の数値目標設定は、一歩間違えると、自治体レベルで個人（とりわけ女性）に対する結婚・出産圧力として働き、カイロ会議・北京会議で国際的に合意されたリプロダクティブ・ライツ、すなわち妊娠・出産に関わる女性の自己決定権に抵触する恐れがある」[11]とも警告している。なお人口政策確立要綱とは、戦時中に「産めよ増やせよ」と戦力増強のために、「婚姻年齢（当時、二十四・三歳）を三年早くし、出生数平均を五人とする」と数値目標を設定した出産奨励策を指す。当時は、経済的・社会的な環境を整えて子どもを産みやすくするのではなく、子どもを多く産んだ家庭を「優良多子家庭」として表彰するといった子どもを作ることにインセンティブを与え、個人を鼓舞するような政策をとっていた。阿藤は、こうした個人に圧力をかける政策が、女性の自己決定権の侵害をもたらすと危惧を示しているのである。

男性経営者にインセンティブを与え、従業員の個人生活に介入

ここまでは国レベルの話であり、個人生活とは直接つながっていない。しかし、これから述べる自治体の「企業子宝率」政策は、自治体が地域企業の経営者に表彰や入札時の優遇などのインセンティブを与えることで、労働者個人に多く子を産ませるように生活をコントロールさせる可能性をもつ点で、より危険である。

「企業子宝率」という指標は、「従業員（男女問わず）が企業在職中にもつことが見込まれる子どもの数」[12]である。ダイバーシティ・コンサルタントを名乗る東レ経営研究所主任研究員の渥美由喜が考案し、内閣府が推奨して、二〇一七年十二月現在、福井県、静岡県、鳥取県、富山県、青森県など全国五つの自治体が活用中の自治体指標である。過去に使用していたものも含めると、これまで十の自治体と一経営者協会で活用されてきた。

通常、出生率調査は女性だけが対象だが、この指標は男性をも含める点に特徴がある。各自治体が希望する企業に社員の子どもの数などを調べてもらって「企業子宝率」を導き出し、上位の企業を表彰したり、入札時に優遇したりする。しかし、算出方法は、渥美の「知的財産」だという触れ込みで公開されていない。調査を進めるなかで、渥美自身が、「知的財産」の商標登録をしていないことを認めたものの、計算方法は公開しないという主張を通している。[13]

またこの指標を使っている自治体も、渥美が望まないからと計算方法を公表していない。[14]社会学者の北田暁大は、「およそ科学的とは言い難い作成プロセスで公共性を欠く指標を地方自治体が使

うことが問題だ(15)」と批判する。

しかも、それ以外にも問題は多い。結婚している／いない、子どもをもっている／いないなど、子どもをもちたくてももてない人、非異性愛者などにとって、会社の上司から個人生活を聞かれることは個人のプライバシーに土足で踏み込まれることに等しい。企業の担当者にとっても従業員のプライバシーに踏み込む業務をさせられるのは避けたいだろうが、上が決めると従わざるをえないことになる。また、対象から外国人を排除している問題もある。こうした個人の人権侵害になることに税金を使うことには疑義が生じる。

ワークライフバランスをみる指標とは言えない「企業子宝率」

「企業子宝率」という指標は、それが高い企業は、男女とも子育てしやすい企業だという触れ込みだが、その点も怪しい。二〇一七年二月二十二日、渥美由喜を招いておこなわれた富山県の「子宝モデル企業表彰式」に私も参加したところ、知事を囲んで男性経営者ばかりがひな壇で表彰状を持って記念撮影していて、子どもを産む女性の影が薄いのに違和感をもった。さらに、「企業子宝率」が高いとして表彰された二社が自社でおこなっている子育て支援策の事例を発表したところ、二社とも男性従業員が約九〇％を占めていたのである。そのうちの一つである電力会社は、「イクボス宣言」をしているというが、女性管理職は、わずか一・八％とのことだった。男性が多い企業で子宝率が高くなるのは、「日本ではまだまだ男性の終身雇用的な働き方を推進する企業で「出生率」が高く、そういった企業では女性は出産を機に退職している可能性もある」と家族社会学者の筒井淳也は述べ、経済的活動が盛んな女性の出生率が高い先進諸国とは異なり、日本では、「依然として女性の就業と出生率がトレード・オフ（両立しない関係）になっていることが問題だ[16]」と指摘した。「職場の子どもの生み育てやすさ」「ワークライフバランス」に関する一つの指標[17]という統計指標の基本線に疑問符をつけている。国や自治体の予算を使って、こうした疑問の多い統計を活用することは、即刻やめるべきである。

しかも、「企業子宝率」は、国の数値目標を自治体レベルに落としたものともいえ、女性にとってより切実な結婚・出産圧力となっていることに疑いはない。つまり、安倍政権での少子化対策も、経済的・社会的な環境を整えて「子産み・子育て」をしやすくするものではなく、戦時期のように、個人（や企業などの私的団体）を対象として圧力をかけて産ませるといったものに変わっている点で強い危惧を抱かざるをえない。個人生活に圧力をかけるということは、実質的に、「産む／産まないは私が決める」というリプロダクティブ・ヘルス／ライツが機能しなくなっていることを意味するからだ。

これらの事例は「大人」に対する現政権の政策や施策だが、続く第2節では「思春期世代への教育」という視点から二つの冊子に注目して議論を進めていく。そのなかで、二〇〇〇年代のバックラッシュと現在の政策との連続性が明らかになる。

2　中高生向け冊子に見るジェンダー・家族像の変容

結婚と妊娠を重点化した啓蒙へと転換

安倍政権が打ち出す「若い女性しか産めない」言説を中高生や大学生向けに、さらに強調して打ち出しているのがライフプラン教育である。妊娠適齢期などの知識を教えながら人生設計を早くから立てさせるというものだ。すでに、岐阜県、秋田県、三重県、福岡県、岡山県などが学校教育の場で、中高生に向けて「生き方を考える」などというタイトルの冊子をそれぞれ作成する一方、「卵子の老化」「卵子の減少」から、「妊娠には適齢期がある」などと教える講座もおこなっている。こうした動きは、全国でも中高生にとどまらず、専門学校や大学にまで広がっている。

岐阜県の『未来の生き方を考える』[18]という六十ページに及ぶ「若い世代」向けライフプラン教育の冊子では、「欲しい子どもの数・産む子どもの数」という項目があり、「三十歳までに一人目を産むことができれば、二人目、三人目の出産にも前向きになれそうね」と登場する女の子に語らせ、早い時期から子を産み始めることが多くの子を産むことになる、というストレートなメッセージを伝えている。[19]また「妊娠には適齢期がある」という項目では、既婚女性の不妊率という図を示し、「年齢が高くなるにつれて、不妊率が上がっているね」「欲しければいつでも子どもは持てる、というわけではないんですね」などと「子どもをもつなら若いうち」というメッセージを添えて「妊娠

適齢期」を教えている。(20)

また、『とやまの高校生ライフプランガイド』(21)は、文部科学省による全国の高校生向けライフプラン教育の冊子モデル事例として、全国で初めて作成されたものである。これも「妊娠のしやすさと年齢」に関する知識を提示し、若年での妊娠・出産を奨励している。

この冊子で「妊娠には、適齢期がある」というメッセージを伝えるのは、内閣府の男女共同参画・重点方針専門調査会委員を務める産婦人科医の種部恭子である。「女性の年齢による妊孕性の変化」と「年齢による卵細胞数の変化」という二つの図を示し、年齢とともに妊孕性と卵細胞数が減少するさまを示す。(22) 種部は、「十〜二十代は、〝生物的に〟妊娠・出産に最も適した年齢」だと述べているが、種部が提示する妊孕性のグラフは、二十歳から五十歳女性の出生数を、十七世紀から二十世紀の一世紀ごとの数値で示し、女性の年齢が上がるに伴って出生数が減少していくことを示すという大ざっぱなデータでしかない。しかも、そのデータがどこの国でどのような条件下で算出された数値なのかの説明がないどころか、

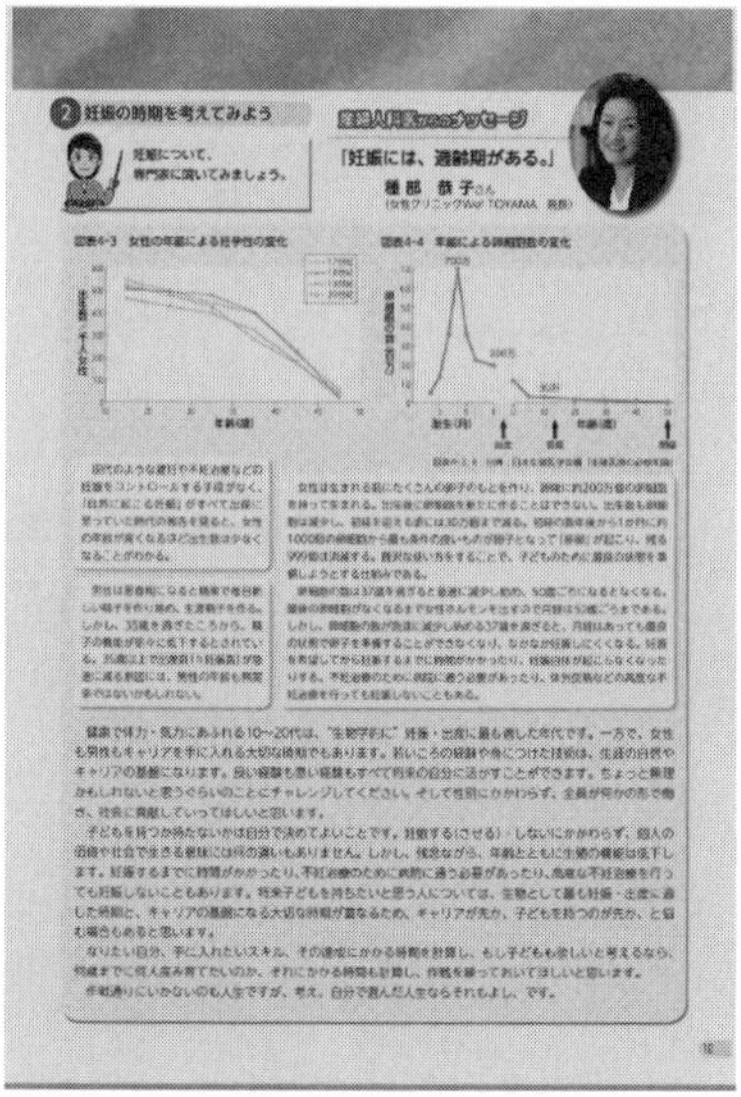

図1　女性の年齢による妊孕性の変化
（出典：富山県教育委員会『とやまの高校生ライフプランガイド——自分の未来を描こう』富山県教育委員会県立学校課、2016年、10ページ）

出典情報さえまったく記載されていないというお粗末なものである（図1）。

女性は「卵細胞の数は三十七歳を過ぎると急激に減少し始め」るため、「最良の状態で卵子を準備することができなくなり、なかなか妊娠しにくくなる」と解説する。一方、男性は「生涯精子を作る」ものの、「三十五歳を過ぎたころから、精子の機能が徐々に低下する」として、「三十五歳以上で出産数（≒妊娠数）が急激に減る原因には、男性の年齢も無関係ではないかもしれない」と記している。要するに、女性は三十五歳から三十七歳以前に妊娠するのがいいという情報が満載である。冊子は、全編を通じて、「いのちを育む」や「子どもとともに」など結婚し子どもをもつことについての情報のウエイトが高く、見開き二ページにわたる「富山《とやま》さん家族の一日」という日々の暮らし方の具体例では、三世代同居を推奨するかのような家族例を紹介している。

その一方、冊子には、結婚しない例やひとり親は盛り込まれない。さらに、産まない場合や産みたくない可能性への視点、「産む／産まないは私が決める」といった女性の妊娠や出産に関する性的自己決定権についてはまったくふれていない。また、避妊について、性暴力やレイプについて、同性愛、両性愛など性的指向の多様性についても、一切ふれていない。すなわち、性の多様性を認めず、家族を特定のモデルとして捉えているといえる。

そもそも、日本の女性は、法律上、刑法堕胎罪によって基本的には妊娠継続を強制されることになっていて、母体保護法に定める中絶の用件を満たしている場合だけ、配偶者の同意を得たうえでという条件付きでしか中絶手術を受けることができない。こうした法制上の現状について、生命倫理学者の齋藤有紀子は、「日本の法のなかに、女性の自由や権利のもとに中絶ができるという発想はない」[23]と述べている。冊子は、そうした状況を追認し、暗に子どもをもつように誘導しているように思われる。

さらに、福岡県が二〇一七年三月に刊行した『My Life Design――人生を豊かに生きるには』という二十一ページに及ぶ高校生向けライフプラン冊子では、結婚、妊娠・出産、親になること、少子高齢化について考えることが内容の中心である。[24]表紙は、祖父母、父母に囲まれる（男女）高校生のイラストで、縦の系列による家族イメージを強調している。「医学的には男女ともに妊娠・出産には適した年齢があります」という項目では、「女性は、三十五歳くらいを過ぎると、不妊治療を行ったとしても、年齢が高くなるほど出産に至る確率が下がる」とし、さらに「四十歳以上の妊娠では」のくだりでは、「年齢が高くなるほど、妊娠・出産には、母子とも危険が伴」うことを警告する。[25]「高校生と恋愛」という項目も作ってはあるが、避妊や性感染症、リプロダクティブ・ヘルス／ライツはまったく登場しない。[26]このように思春期の世代にとって必要な性や身体に関するリスク対応にまったくふれないまま、結婚・出産にだけ過剰なほどページを割くのは、情報の偏りがはなはだしい。こうしたライフプラン教育の冊子は、概して性教育抜きの結婚・出産奨励という内容である。内閣府の婚活支援策では、優良事例を「横展開」でほかの自治体にも広げていくことを推奨している。そのため多くの自治体で、性教育抜きで「妊娠適齢期」情報を提供し、「早く、多く産め」というプレッシャーを与える冊子を作成しているのが現状である。

文化人類学者の山口智美は、同教育について「従来は男女共同参画やキャリア教育の一環として推進されてきたが、二〇一二年末の第二次安倍政権以降に転換し、特に「妊娠適齢期」についての女性への啓蒙色が強くなった[27]」と指摘する。そしてこうした「少子化対策としてのライフプラン教育」は、「独身、子どものいない人、ひとり親家庭は望ましくないとして描かれる。性的少数者の存在はない」と、特定の家族観を一律に押し付ける点で問題があると指摘する。[28]産むか産まないか、いつ産むか、どういう方法で産むか、など妊娠や出産に関する自己決定権には一顧だにせず、早く産まないと妊娠しづらいというリスク情報だけを膨大に提供している。一八年現在、性教育や「産む／産まないは私が決める」という女性の自己決定権を教えないライフプラン教育を中学生や高校生など思春期世代の若者に提供していることは、婚姻する／しない、子どもをもつ／もたない、人生をどう生きるかといった自由に生きる権利を政府が若い世代から剝奪していることに加え、性感染症や望まない妊娠などのリスクにもつながり、非常に深刻な問題である。急ぎ再検討する必要がある。

リプロが中心の中高生の副教材『教えて！聞きたい！中学生のためのラブ＆ボディBOOK』

現在普及している中高生向けのライフプラン教育冊子の状況をみてきたが、これは以前から変わらずそうなのか、それとも最近の傾向なのだろうか。かつて中高生向けの副教材は、どういった内容だったのかの例として、二〇〇一年に厚生労働省が全国の中学生に配布した冊子『教えて！聞きたい！中学生のためのラブ＆ボディBOOK』[29]（以下、『ラブ＆ボディBOOK』と略記）をみてみよう。[30]
『ラブ＆ボディBOOK』は、思春期の男の子、女の子の身体と心にどのような変化が起きるのか、を全ページカラーでイラストなどをつけてわかりやすく説明する。この冊子で最も重要なのは、

「自分で考える、自分で決める、やっぱりそれが大事だね(31)」と「リプロダクティブ・ヘルス／ライツ」について明記していることだ。これは性と生殖に関わる自分のからだと心が一生を通じていい状態にあること、人にはそうしたいい状態にいる権利があることとされ、「性と生殖の健康／権利」と訳されている。

　リプロダクティブ・ヘルス／ライツは、「とくに、妊娠や出産、ときには中絶など「産む・産まない」を自分のからだでひきうけなければいけない女の子には大事な権利。女の子のこうした権利が守られる社会は男の子にも、また障害《（ママ）》をもった人やお年寄りにも生きやすい社会だね」とし、「誰を好きになるか／セックスするかしないか／結婚するかしないか／子どもをつくるかつくらないか／避妊するとしたらどんな方法でするか／産むか産まないか／いつ産むか／どんな方法で産むか」について、自分で決めることだと述べている。

図2　『教えて！聞きたい！中学生のためのラブ＆ボディ BOOK』表紙
（出典：母子衛生研究会『教えて！聞きたい！中学生のためのラブ＆ボディ BOOK』母子保健事業団、2001年）

　そして最後に、「住んでいる国がどこか、国籍がどこか、どんな民族か、どんな宗教を信じているか、女か男か、子どもか大人か、障害があるかないか、結婚してい

図３　『ラブ＆ボディ BOOK』18―19ページ

るかいないか、異性が好きか同性が好きか——にかかわらず、すべての人が、この権利をもっている。自分だけでなく、ほかの人のこうした権利も尊重することが大事なんだ」と述べ、人権尊重の考え方をしっかり理解させようとしている。

この冊子の内容は、当時、「禁欲主義」によって結婚するまで性行動を抑え込む純潔教育よりも、さまざまな知識を包括的に学んで自分の意志で性行動に関する決定をするという「包括的性教育」のほうが有効だというコンセンサスが専門家の間にあったことを反映している。[32]「包括的性教育」は、「自分の性と健康を自分のこととしてどのように捉えるか、性やからだを大切にして自分で行動を選択していくか」に主眼を置いて、「性行動を選択したらその結果として、起こる可能性のある「望まない妊娠と性感染症」をいかに回避していけばいいのか」[33]を考えるアプローチである。

二〇〇一年に全国の中学生に配布された『ラブ＆ボディ BOOK』には、一九九四年カイロでの国際人口開発会議の行動計画に採択され、日本では九六年男女共同参画ビジョンに書き込まれた「リプロダクティブ・ヘルス／ライツ」という考え方が中学生向けにわかりやすく書き込まれていた。もちろんその背景には、九〇年代前半からエイズ感染者増加への危機感が社会に渦巻いていたことも大きいにしろ、画期的なことといえるだろう。[34]

リプロダクティブ・ヘルス／ライツが二〇〇一年時に厚生労働省が推奨する中学生向け副教材に書き込まれているのは、所轄省庁が異なるとはいえ、一九九九年に文部省がまとめた『学校における性教育の考え方、進め方』で、国連の提言を引き、「青少年が責任ある判断を下すためにリプロダクティブ・ヘルスに関する情報やサービスの提供を受ける権利を有する」ことを認めるとともに、「思春期の若者のリプロダクティブ・ヘルスの問題（性行動、望まない妊娠、安全ではない人工妊娠中絶、性感染症）などへの取組が必要であり、そのためのサービスが確立されるべきである」と述べている[35]ことと関連しているといえるだろう。

山谷えり子議員によるリプロつぶし

しかしこの『ラブ＆ボディ BOOK』は、二〇〇二年五月二十九日の衆議院文部科学委員会審議で山谷えり子衆議院議員[36]が問題にして、回収されてしまうという結末を招く。当時民主党だった山谷議員は、産経系メディアの出身であるとともに、日本会議推薦の議員でもある。山谷議員は国会で、「避妊用ピルに関する記述が偏向しており、中学生には不適切な内容」であると一刀両断に切り捨てた。それは、すぐに「産経新聞」二〇〇二年五月三十日付「中学生に〝ピルのススメ〟!? 厚労省所管法人作成全国に百三十万部配布」でセンセーショナルに報道された(37)。

国会で山谷議員への答弁に立った遠山敦子文科大臣は、教科書は特段の検討をする意向はない、しかし実際の授業は慎重にすべきだと答弁した。その後、学校の性教育に対して、「産経新聞」などの右派メディアと右派団体を巻き込んで組織的な批判が起こり、この冊子は、十分な議論がないままに自治体の自主規制によって学校から回収された(38)。一九九七年に日本会議が設立され、二〇〇一年にその女性部である「日本女性の会」が設立される。一九九八年には男女共同参画社会基本法が成立し、ジェンダーやセクシュアリティに関する自己決定権や人権などのフェミニズム思想が法律として結実したと見なしての危機感から、右派が国会や地方自治体議員や右派論壇と連携し、性教育や男女共同参画条例などに歯止めをかけようとするバックラッシュを起こしたのだった(39)。

山谷議員は、国会でこの冊子を批判した。特に、この冊子が百五十万部発行され全国の中学生全員に配布されるものであることを憂慮し、「セックスが命をはぐくむ営みだという、重く神聖なものという視点が非常に欠けた書き方」だと批判。さらに、「ピル…失敗率一%」「女の子が自分で避妊できるのが最大のメリット」などと避妊薬ピルについては「メリットしか書かれておらずに（ママ）、全体としてこれは奨励するような内容」だと糾弾した。こうして山谷ら右派は、女性が主体的に避妊を選択することを「過激」や「行きすぎ」と非難し、ピルをやり玉に挙げたのである。山谷は、「産経新聞」二〇〇二年十月十四日付での「解答乱麻」欄「衆議院議員・山谷えり子過激な性教育は虐待だ」というコラムでも、こうした性教育を「セックスをモノ化する」「フリーセックスをあおる」などのイメージ戦略で人々の通俗的な性道徳に訴え、批判を繰り広げた[40]。

だがその真のねらいは、女性の自己決定権を認めないこと、「包括的性教育」から「禁欲的性教育」へと時計の針を逆に戻すことにあった。こうした動きに連動して、配布の差し止めを求める陳情書が福岡県や石川県などで出され、配布を見直す動きになるなど、性教育批判の動きは全国で起きた[41]。

山谷議員は、二〇〇四年に政権与党である自民党の参議院議員となった。〇五年四月に小泉純一郎政権下で自民党の「過激な性教育・ジェンダーフリー教育に関する実態調査プロジェクトチーム（ＰＴ）」が設立され、安倍晋三官房長官代理が座長、山谷が事務局長に就任した。ＰＴは、性教育に関する全国調査を実施し、七月に調査結果をまとめた。しかし、自民党ＰＴの調査表（図４）には、高校の男女生徒の同室着替えや、小学校の林間学校などでの男女同室就寝といった事実無根のデマが多数交ざっていた。自民党ＰＴの調査は、誘導的な設問、誇張や故意の誤解などが多く、非常に問題が多いものだったことがその後の文科省の「学

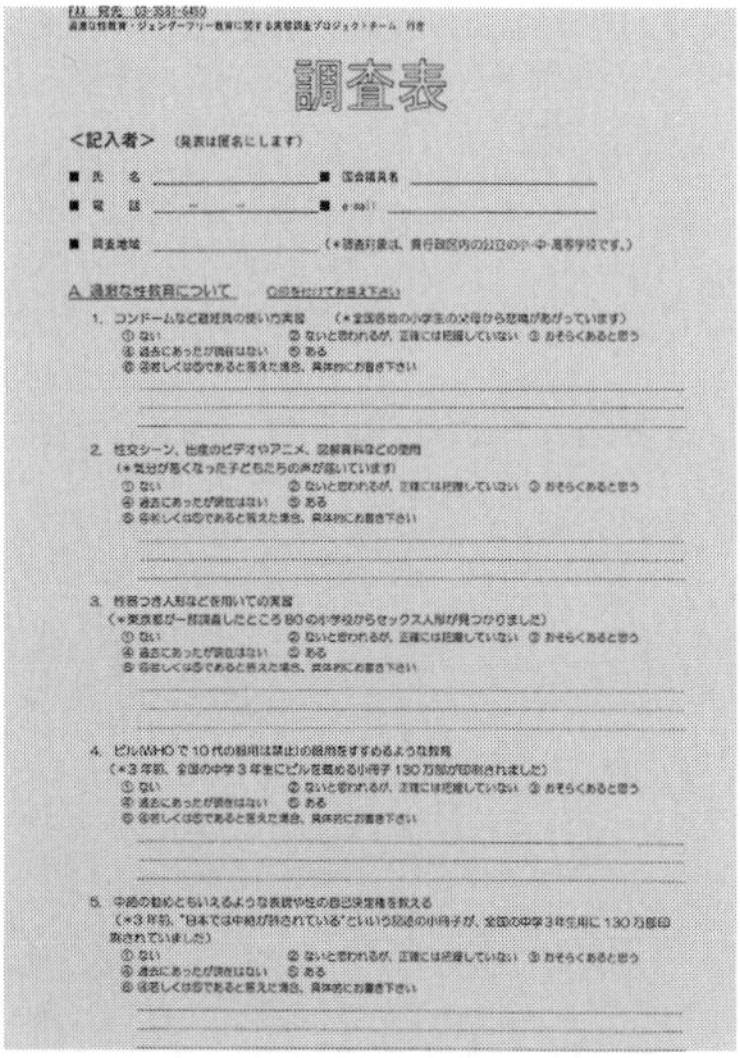

過激な性教育・ジェンダーフリー教育に関する実態調査プロジェクトチーム　行き

調査表

<記入者>（発表は匿名にします）

■氏名　■国会議員名

■電話　■e-mail

■調査地域（＊調査対象は、貴行政区内の公立の小・中・高等学校です。）

A.過激な性教育について　○印をつけてお答え下さい

1. コンドームなど避妊具の使い方実習（＊全国各地の小学生の父母から悲鳴があがっています）
① ない　② ないと思われるが、正確には把握していない　③ おそらくあると思う
④ 過去にあったが現在はない　⑤ ある
⑥ ③若しくは⑤であると答えた場合、具体的にお書き下さい

2. 性交シーン、出産のビデオやアニメ、図解資料などの使用
（＊気分が悪くなった子どもたちの声が届いています）
① ない　② ないと思われるが、正確には把握していない　③ おそらくあると思う
④ 過去にあったが現在はない　⑤ ある
⑥ ③若しくは⑤であると答えた場合、具体的にお書き下さい

3. 性器つき人形などを用いての実習
（＊東京都が一斉調査したところ80の小学校からセックス人形が見つかりました）
① ない　② ないと思われるが、正確には把握していない　③ おそらくあると思う
④ 過去にあったが現在はない　⑤ ある
⑥ ③若しくは⑤であると答えた場合、具体的にお書き下さい

4. ピル（WHOで10代の服用は禁止）の服用をすすめるような教育
（＊3年前、全国の中学3年生にピルを薦める小冊子130万部が印刷されました）
① ない　② ないと思われるが、正確には把握していない　③ おそらくあると思う
④ 過去にあったが現在はない　⑤ ある
⑥ ③若しくは⑤であると答えた場合、具体的にお書き下さい

5. 中絶の勧めともいえるような表現や性の自己決定権を教える
（＊3年前、"日本では中絶が許されている"という記述の小冊子が、全国の中学3年生用に130万部印刷されていました）
① ない　② ないと思われるが、正確には把握していない　③ おそらくあると思う
④ 過去にあったが現在はない　⑤ ある
⑥ ③若しくは⑤であると答えた場合、具体的にお書き下さい

図４　流言が交ざった自民党ＰＴ調査票

校における男女の扱いなどに関する調査について」などから明らかになっている[42]。

性教育へのバックラッシュに対抗する著書のなかで、教育学者の田代美江子は、文部省は、戦後も「眠れる子を起こす」と性教育を縮小し、逆に性道徳を柱とした「純潔教育」を進めてきたと述べる[43]。そして文部省は一九九九年刊行の『学校における性教育の考え方、進め方』で初めて「性教育」という用語を正式に使った文書を発行したとも記している。一方、子どもを産むか産まないかを女性が決めることを求める「SOSHIREN 女（わたし）のからだから」メンバーの大橋由香子によれば、九四年に国連の国際人口開発会議（カイロ）でリプロダクティブ・ヘルス／ライツを明記した行動計画が採択され、九五年の北京世界女性会議では、性的な多様性をも含めた「セクシュアル・リプロダクティブ・ヘルス／ライツ」が提唱されたことを受けて、日本では、九六年七月の男女共同参画ビジョンに、「リプロダクティブ・ヘルス／ライツ（性と生殖に関する健康／権利）」が書き込まれたという[44]。そうした政府の対応を受けて、九九年の文部省の『学校における性教育の考え方、進め方』指針では、「学校はすべての児童生徒等に対して、人間尊重、男女平等の精神の徹底を図るとともに、人間の性に関する基礎的・基本的事項を正しく理解させ、同性や異性との人間関係や現在と将来の生活において直面する性に関する諸問題に対して、適切な意思決定や行動選択ができるよう性教育を充実する必要がある[45]」とその方針を記している。『学校における性教育の考え方、進め方』には、性交を「結婚まではいけない」と否定する見解は、中学生・高校生とも一〇％以下であり、性交経験も、中高生で増加していて、高三では男女とも三割前後に達しているとある。その一方、必ず避妊をする者の割合が低いデータも示されていて、そうした現状が冊子作成の背景にあったことがうかがえる。

「産経新聞」二〇〇二年六月二十九日付「「ピル冊子」波紋拡大　陳情相次ぎ県教委もＮＯ　保護者「配慮に欠ける」」によれば、〇二年六月頃には、『ラブ＆ボディBOOK』に関して、「保護者らでつくる団体などからの抗議が各地で相次いだ」という。[46]また、「福岡県や石川県などでも、配布の差し止めを求める陳情書が県議会に提出された」とあり、組織立った動きとなっていたことが記されている。しかし、その記事でも厚労省は、特に問題はなく読んでほしいという見解を示しており、また発行元の母子衛生研究会は「国の方針に従って編集したのに、どうして批判されるのか分からない」とコメントしている。一九九九年に文部省がまとめた『学校における性教育の考え方、進め方』でリプロダクティブ・ヘルス／ライツに基づいた性教育をおこなうように新たな方針が出て以来、各地の小学校などで保護者の一部からの反発が起き、学校との攻防が繰り広げられていたと思われる。

アジア太平洋資料センターの講座で筆者が性教育バッシングについて話した際に、二十代の男性参加者が自身が経験した小学生時の性教育の逸話を紹介してくれた。彼は、二〇〇一年、愛媛県松山市の公立小学校五年生の二学期に、男女の身体の基本的な仕組みや名称、特に月経や射精などについて基礎的な知識を教わる授業を受けていた。まず、隣の組の担任の先生が性交渉について、黒板に人の形の絵を描いて、男性器の女性器への挿入などの性交渉過程を具体的に子どもたちに教えたという。するとすぐに、子どもたちの間で「教えてはいけないことを先生が教えた」など保護者からの反発を背景にしたと思われる騒ぎが起きた。生徒の保護者が学校に問い合わせをしたり、クラス担任に申し入れをしたりといったことがあったのだろう。その後おこなわれた彼自身のクラスでの性教育の授業は、とても慎重に言葉を選んで話をされたこと、また内容的にも性交渉についてはふれられなかったことを記憶しているという。これは、新たに「包括的性教育」の取り組みをしたところ、「包括的性教育」に違和感をもった保護者が、批判の声を上げたケースだったと思われる。おそらく、性交渉や性器の名称について言及したことをもって「性交教育」だと批判する動きは各地で起きていたのだろう。

このエピソードは、一九九九年以降、当時の政府の考え方として、性教育の必要性が認識されていて、その中軸となるのが、リプロダクティブ・ヘルス／ライツという当時の人権概念だったということを示している。そして『ラブ&ボディ BOOK』はそうした政府の認識を表現した副教材だった。性教育へのバックラッシュは、山谷えり子をはじめ右派の議員や右派メディアなどが連携して動き、リプロダクティブ・ヘルス／ライツや男女平等、人権尊重の考え方を否定すべく、それを「過激」「行きすぎ」というレトリックによって猛烈に非難し、人権感覚を備えた性教育をつぶしにかかった現象であった。

レイプ、セクハラ、チカンなどの性暴力、性犯罪防止の『ラブ&ボディ BOOK』

つぶされてしまった『ラブ&ボディ BOOK』とその理念だが、しかし現在から見てもきわめて「まっとう」な内容である。それは例えば性暴力や性犯罪防止をめぐる文章からも明らかである。少し紹介しよう。この性教育冊子では、レイプ、セクハラ、チカンなど性暴力についての記述が充実している。「ひとりで悩まないで！　からだと性のＳＯＳ集」というページもあり、チカンや性的ないじめという性犯罪の被害にあったときにどうするかを詳しく紹介している。これは、当時の文部省の性教育指針が「望まない妊娠、人工妊娠中絶、性感染症の増加などが（逸脱行動として）指摘されている」とし、その原因の一つが「児童生徒が性に対して無知であることや性に対して認識が不足していること」[47]にあることへの対応とも符号する。「チカンは犯罪」とし、性的ないじめも人権侵害だと述べる。さらに、「セクシュアル・ハラスメント」「強姦《ママ》（レイプ）」「家族からの性行為の強要」についても書いてあり、それぞれに「あなたは悪くない」というメッセージを伝えている。強かんについては、「じつは強姦の犯人のほとんどは、友だちや知り合い、顔見知りの人なんだ。しかも部屋の中で、ということが多い」とも記す。強かんは「「暗い夜道でおこること」「知らない人についていかなきゃいい」と思ったら大マチガイ」などと、いわゆる強かん神話を批判するくだりもある。このようにレイプや性暴力に対してノーを言うことの重要性など、性のコントロールについて、一時的であれ、二〇〇〇年代初めの中学の性教育でしっかり教えていたことは記憶にとどめておくべき重要な点である。

　また、「もしや妊娠!?」という妊娠への対応を書いていることも特記したい（図5）。「ふたりの関係にセックスが必要？」「「いま」じゃないとダメ？」「キスやセックス以外でふたりの関係を深めることはむり？」「セックスをしたことでおこりそうなトラブルについて真剣に考えた？」などと問いかけ、「セックスは、こうしたことをきちんとクリアできる、対等で、心もからだも成熟した大人がすることなんだ」と説いている。

図5　「もしや妊娠!?」
（出典：前掲『ラブ&ボディ BOOK』22—23ページ）

また「中学生の妊娠」についても、タブーにすることなくふれていて、「「妊娠したら産めばいい」「産みたい」と考える子もいるね。でもちょっと待って。子供を産むって、そんなにカンタン?／産むというのは親になること。子供を育てるということ。出産後は寝る間もなく、おっぱいやおむつの世話をしないといけない。（略）からだの面でも、十代中頃の妊娠・出産はトラブルがおきやすいんだ。骨盤が完成していないから、出産の時の危険も高くなる。学校に通ったり、勉強をつづけるのも難しくなるね。将来の選択肢がとてもせまくなってしまうおそれがあるよ」と丁寧に説いている。

そして「「望まない妊娠」を防ぐには、正しい方法で避妊することがたいせつ。それは大人も同じだよ。とくに大事なのは、妊娠する側である女の子が避妊をすること。「彼にまかせておけばＯＫ」「避妊は男の役目」なんてとんでもない。男の子も「ボクはコンドームつけたけど、キミも自分で避妊しないならセックスしたくない」くらいいえなきゃ、二十一世紀はブレイクできないのだ」とし、コンドーム、殺精子剤、ピルについて失敗率の数字を挙げ、「より効果の高い避妊をするなら、コンドーム＋ピルがいちばん」と推奨している。

男の子の射精（精通）については、「中学生のいま、男の子がやらなければいけないのは、自分の性衝動をコントロールすることなんだ。そしてもう一つ、たいせつなのは女性との「対等な関係」について考えていくことだ」と性のコントロールや男女の対等性についても押さえている。

そして末尾には六ページに及ぶ「マスターベーションに夢中」「ＡＶにハマッてしまった」などの悩みに回答するコーナーがある。「早く初体験をすませたい」や「同性が好きになっちゃった！」などではそれぞれ、「セックスは心も身体も成熟して、はじめて楽しめるもの。時間をかけて自分がナットクできる相手にめぐりあってから体験した方がきっとよろこびも大きいと思いますよ」、「同性の人を好きになるのは全然おかしなことではない」と回答。このように、同性愛の可能性があるケースにも対応し、性について自分をコントロールする力、相手をコントロールしない力、「ＮＯ！」を言える力など性的同意（セクシュアル・コンセント）をも丁寧に教えている。性の自己決定権「リプロダクティブ・ヘルス／ライツ」の核心を伝えているといえるだろう。

ところが、性教育バッシングを受けてこうした性を人権の問題と捉える冊子が十分な議論もなしに回収され、概して、その後の性教育は及び腰となってしまった。「コンドーム装着実習」など具体的な取り組みをすることを自主規制する傾向が強まり、「包括的性教育」をするグループの活動が弱められていった。[48]そして二〇〇七年には「性教育」は、一九八〇年代まで使われていた「性に関する指導」に戻され、性をタブー視し、性教育が軽視されることになった。[49]

二〇一七年七月のPARC自由学校の講座「まぼろしの「日本的家族」」の筆者の担当「官製婚活と家族像――二〇〇〇年代以降に提示される家族像の変容」でこの『ラブ&ボディBOOK』を紹介したところ、講座が終わった後に、ある女性参加者が、「これはとてもいい内容だ。知っておきたいことがわかりやすく書かれていて、三十代の私でも読みたいくらいだ」と声をかけてきた。現在三十代の世代は性教育つぶしの影響を受けてきたため、十分な知識が授けられていないことを示唆しているように思われた。

二〇一五年高校副教材『健康な生活を送るために』の「妊娠のしやすさ」啓蒙

ここまで二〇〇〇年代前半に中学生に配布された『ラブ&ボディBOOK』で得られる性の知識を紹介してきたが、それに比べて、一〇年代後半の現在、高校保健体育の教材は、内容が「後退」している。出産や妊娠は解説する一方で、女性が周囲に相談しづらい、望まない妊娠、性暴力などに関する事柄が十分に説明されていないのだ。具体的に見ていこう。

二〇一五年に文科省は、正しい妊娠・出産の知識を盛り込んだという触れ込みで、健康に関わることが記載されている高校保健体育の副教材『健康な生活を送るために』[50]を刊行した。同副教材は、「少子化対策の教育現場への導入」[51]ということもあり、「家族として妊娠、出産」をさせようというスタンスが突出していた。「妊娠のしやすさと年齢の変化」というグラフに、結婚を早めさせようという趣旨とも見られる改竄があり、質問状が出されるなど社会問題になった。[52]「家族として妊娠、出産」をさせようという考えは、「禁欲主義」の純潔教育と無理なくつながる。

本章では、同副教材の二〇一七年（平成二十九年）度版を参照しているが、性に関しては、「知らないと怖い性感染症」と「HIV、エイズについて正しく知ろう」という項目があるものの、通り一遍の知識の紹介にとどまっている。これでは当事者になりうるかもしれないという危機感はもちづらいだろう。最も重要視されている「妊娠・出産に関連して」では、「ライフプランを考えたことはありますか」「性に関わる意思決定・行動選択」「不妊で悩む人もいます」「妊娠と年齢の関係を知らない人が多い？」などである。避妊に関する記事は、「性にかかわる意思決定・行動選択」のなかに、以下のようにわずか数行の囲み記事があるだけである。すなわち、「健康面や経済面などを含め、家族として妊娠や出産の準備ができているかどうかということは子供の健康を守るうえでも重要です。このような観点からは「避妊」が選択肢となることがあり、その方法としてはコンドームやピルが選択肢として考慮されます。もし避妊に失敗した場合等には、産婦人科の医療機関を受診の上で性交から服薬まで七十二時間（三日間）を超えない間に内服薬で緊急的に避妊する方法がとられることもあります[53]」とあくまで「家族としての妊娠」にしかふれていない。性や生殖の権利についての記述がほとんど見られない。その一方、「赤ちゃんの健康を守る取組み」について二ページにわたって述べるなど、内容が妊娠・出産に偏るアンバランスなものである。

このように、二〇〇一年に刊行・配布された『ラブ&ボディBOOK』と、一〇年代後半に刊行し、広く配布された高校副教材『健康な生活を送るために』や前出の『とやまの高校生ライフプランガイド』とを比較対照すると、人権という観点からみた後退ぶりは一目瞭然である。一九九九年に文部省がまとめた『学校における性教育の考え方、進め方』でリプロダクティブ・ヘルス／ライツや男女平等など人権の尊重をうたい、初めて「性教育」という言葉を打ち出した。そして二〇〇一年に『ラブ&ボディBOOK』を刊行配布した。それにもかかわらず、〇二年に山谷えり子議員の国会質問などによって、同年には『ラブ&ボディBOOK』は回収されることになった。これは、一九九九年に高らかに打ち出したリプロダクティブ・ヘルス／ライツに基づく性教育という方針を文科省が早々と撤回する結果になったことを意味する。

以下では、こうした変化をもたらしたバックラッシュを振り返り、特に二〇〇〇年代前半、安倍自民党のとった取り組みが、その後のジェンダー・セクシュアリティ政策に及ぼした影響を検討する。

3　バックラッシュが与えた影響

リプロダクティブ・ヘルス／ライツつぶしが可能にした保守的な女性・家族政策

ここまで二〇〇一年の中学生副教材と現在の中高校生副教材を比較してきた。〇一年時の中学向け教材よりも、現在の高校向け教材のほうがはるかに後退していることは衆目の一致するところだろう。どうしてこれだけ後退したのだろうか、という観点からこれまでの流れを振り返ると、大きな動きになった〇〇年代前半の性教育つぶしが浮かび上がってくる。以下、経過を振り返りながらみていこう。

一九九九年に文部省がまとめた『学校における性教育の考え方、進め方』で、青少年がリプロダクティブ・ヘルスに関する情報やサービスの提供を受ける権利を有することを記したことは画期的だったが、半面、右派には危機感が大きかったのだろう。それは女性の主体的選択である避妊用ピルの服用や女性の性的自己決定権に対する山谷議員の非難の激しさからもうかがうことができ、実際、それによって画期的な冊子は回収されてしまった。

そうした激しいジェンダー・バッシングを踏まえ、二〇〇五年五月に安倍晋三官房長官代理は自民党PTの「過激な性教育・ジェンダーフリー教育を考えるシンポ」で、「男女共同参画社会基本法そのものについても（見直しを）検討していきたい」と述べている。同年十二月にPTは、「ジェンダー」という文言の削除と「家庭政策の充実」などを求める要望書を政府に提出した。要望書には「男女がともに支え合う社会の実現に向け、正しい男女共同参画社会の推進」を望むと、男女共同参画の意味を歪曲した目標が堂々と掲げられていた。同じく十二月の政府の第二次男女共同参画基本計画では、安倍PTの要望に添い、「ジェンダーフリー」という用語を今後使用しないと決め、計画内容も後退させた。一九九九年に初めて「性教育」と呼ばれるようになったものが、右派総動員による性教育バッシングや流言や歪曲による自民党アンケート調査の結果、二〇〇七年には「性に関する指導」へと後退することになる。

そして二〇〇六年、第一次安倍政権が発足した。安倍首相は、バックラッシュとしておこなってきたことを今度は政策として実行していった。教育基本法を、家庭を重視して行政が家庭教育を支援するという内容で改訂した。一二年の第二次安倍政権以降は、経済政策として女性活躍、一億総活躍などを掲げる一方、結婚と妊娠の奨励、三世代同居減税、「夫婦控除」などのいわば、「子産み・子育て家族の保護」政策を一貫して推進している。こうした子どもをもち、子どもを育てる家族を最優先する安倍自民党の政策は、一見よさそうに見えるのも確かだ。しかし、〇〇年代バックラッシュでおこなっていた「自由で多様な生き方」を目指すフェミニズムたたきが、現在は「異性愛の子もち家族優遇」政策によって、シングルや子どもがいない人、LGBTを平然と排除する方向に転換した。しかも、これはコインの表と裏でしかなく、一貫している。

こうした流れを見ると、二〇〇〇年代のジェンダー・性教育へのバックラッシュは、現在の安倍政権による女性・家族政策の露払いのような役割を果たしていると言えるだろう。山谷議員の女性の性的自己決定権への拒否反応、避妊薬ピルの忌避などは、女性の自己決定権を否定し、「家族のなかの女性」「産む性としての女性」を導くものである。バックラッシュは、導入したばかりの「性の自己決定権」をつぶすものだった。現在安倍政権でおこなっている婚活・妊活政策は、〇〇年代のバックラッシュなしには実現不可能なものである。

彼ら右派によるバックラッシュの方法論としては、体系的な法律を変えるのではなく、右派の議員やメディアを動員し、性教育の冊子や実際の性教育のやり方など具体的な政策実行現場で、誇張や歪曲をも盛り込み、デマもいとわずに非難する方式をとったことである。そして一般の人々の素朴な感覚に訴えかけ、同意をとって世論を動かしていく手法が奏功したことには注意を要する。

そしていま、婚活政策やその一環としておこなわれているライフプラン教育や企業子宝率という政策は、結婚・出産は個人の選択という基本的な考えや、「産む／産まないは女が決める」という女性の自己決定権を、国家や国家の意を汲んだ地方自治体が介入してゆるがせる恐れがある政策である。こうした政策は、二〇〇〇年代初めのバックラッシュでリプロダクティブ・ヘルス／ライツを骨抜きにしたことによって成立しているといえる。自民党が準備している「女性の健康の包括的支援に関する法」や二十四条改憲案も考え方は同様である。前者は、子どもを産み育てるための立法であり、避妊や性暴力などの文言を入れない法案が想定されているようである。後者の二十四条改憲案では、個人ではなく家族を尊重し、家族は互いに助け合わなければならないとする。そのほか、一七年七月には石川県加賀市が中絶反対の運動団体と連携し、「生命尊重の日条例」を制定した（また橋本龍太郎元首相の妻・橋本久美子氏が会長を務める日本賢人会議所は妊娠中絶に反対する活動家を呼ぶセミナーを開き、母体保護法見直しを主張する。さらに、政府に「多子化」の提言をするなどの危うい潮流も見え隠れしている）。一八年四月には、東京都の足立区立中学校の性教育の授業で「性交」「避妊」という語を使ったのは学習指導要領の範囲を超えていて問題だ、と自民党都議が介入して、都教委が区教委を指導する事態も起きた。

ここまでの流れを見ると、妊娠、出産、性と生殖をめぐる問題は、一人ひとりの女性の人生にとってきわめて私的かつ重要である一方、国家にとっては存亡を左右する生命線であり、隙あらばと介入への欲求には並々ならぬものがあることが見て取れるだろう。そして現状について言えば、女性の生き方をめぐる状況が危機的に後退させられているのである。現在の施策や法律は、安倍自民党や日本会議などが主張してきた家族政策とも合致し、多様な家族のあり方や女性の生き方、ひいてはその基本にある女性の性の自己決定権を認めないものである。このように政府の政策が、少子化という国家の事情を優先し、性や生殖に関する女性の権利の視点への配慮を欠いたまま、婚活・妊活政策を実施していることは、一人ひとりの女性の人生設計や人生そのものに深刻な影響を及ぼしている。まずは、ひたひたと足下にまで押し寄せているこうした危機に、多くの人が目を向けるように警鐘を鳴らしていきたい。

注

（1）「ジェンダーフリー」という言葉は、男女共同参画行政らによって「ジェンダーの押し付けから自由（フリー）になる」という意味合いで用いられてきた。だが右派は、「ジェンダーフリー」という言葉の定義があいまいなことに乗じて、「フリーセックスを勧める」「男女を中性化させる」などと荒唐無稽なフレーズによって、性教育やフェミニズム批判のキャッチフレーズとして利用した。

（2）数少ない例として、日本会議を論じた山口智美「日本会議のターゲットの一つは憲法二十四条の改悪」（成澤宗男編著『日本会議と神社本庁』所収、金曜日、二〇一六年、一七二―一八三ページ）は、「ジェンダーやセクシュアリティ、家族や教育をめぐる問題は日本会議の運動にとって常に中心だった」としている。文科省の副教材問題を扱った西山千恵子／柘植あづみ編著『文科省／高校「妊活」教材の嘘』（論創社、二〇一七年）では、柘植あづみが「バッシングは、現在、少子化対策として若いうちの結婚と出産を奨励し、避妊や中絶を制限しようとし、「卵子の老化」という概念を広め、高齢での妊娠・出産は危険だとすることと重なる」（二二二ページ）と現在の少子化対策としての妊活政策と通じると見ている。

（3）拙稿「自治体や企業が「家族のあり方」に介入――「官製婚活」で結婚・出産を強要？」「週刊金曜日」二〇一七年一月二十七日号、金曜日、二〇ページ

（4）柘植あづみ「「卵子の老化」説から考える年をとることへの恐れと生殖医療技術の拡大の関係」、「学術の動向」編集委員会編「学術の動向」二〇一七年八月号、日本学術協力財団、四八ページ

（5）同論文五〇ページ

（6）菅野摂子「高齢妊娠における不安と選択――出生前検査という問題」、前掲「学術の動向」二〇一七年八月号、四一ページ

（7）国立社会保障・人口問題研究所「人口統計資料　2017年度版」のうち、「表4―7 女性の年齢（5歳階級）別出生数および出生率：1925～2015」の数値から筆者が算出（http://www.ipss.go.jp/syoushika/tohkei/Popular/P_Detail2017.asp?fname=T04-07.htm&title1=%87W%81D%8Fo%90%B6%81E%89%C6%91%B0%8Cv%89%E6&title2=%95%5C%82S%81%7C%82V+%8F%97%90%AB%82%CC%94N%97%EE%81i%82T%8D%CE%8AK%8B%89%81j%95%CA%8Fo%90%B6%90%94%82%A8%82%E6%82%D1%8Fo%90%B6%97%A6%81F1925%81%602015%94N）［二〇一八年五月三十日アクセス］。

（8）前掲「高齢妊娠における不安と選択」四四ページ

（9）経済政策としての官製婚活の実情と弊害は、拙稿「経済政策と連動する官製婚活」（本田由紀／伊藤公雄編著『国家がなぜ家族に干渉するのか――法案・政策の背後にあるもの』［青弓社ライブラリ

ー」所収、青弓社、二〇一七年、八七―一二〇ページ）を参照。
（10）阿藤誠「日本の少子化と少子化対策」、前掲「学術の動向」二〇一七年八月号、一一ページ
（11）同論文一一ページ
（12）詳細は、拙稿「結婚・出産を〝奨励〟する危険な公的指標「企業子宝率」」（「週刊金曜日」二〇一七年十二月八日号、金曜日、二二―二四ページ）を参照。
（13）同論文二三ページ
（14）同論文二三ページ
（15）同論文二三ページ
（16）同論文二四ページ
（17）青森県「企業子宝率」調査の紹介サイト（https://www.pref.aomori.lg.jp/kensei/seisaku/kigyou-kodakara-ritu.html）［二〇一八年五月二十八日アクセス］。
（18）『未来の生き方を考える――life planning booklet』（二〇一七年改訂版）、岐阜県健康福祉部子ども・女性局 子育て支援課、二〇一四年。なお、この冊子は岐阜県公式ウェブサイトからダウンロードできる（http://www.pref.gifu.lg.jp/kodomo/kekkon/shoshika-taisaku/11236/lifeplanningbooklet.html）［二〇一八年五月二十八日アクセス］。
（19）同書二一ページ
（20）同書二二ページ
（21）富山県教育委員会『とやまの高校生ライフプランガイド――自分の未来を描こう』富山県教育委員会県立学校課、二〇一六年。なお、この冊子は、同モデル事業の一環として文科省の肝いりで作成された。富山県の高校教員が文科省「若者のためのライフプラニング支援」に関する委員会の委員を務

めた。
(22) 同書一〇ページ
(23) 齋藤有紀子「母胎保護法・人工妊娠中絶の現代的意味」、齋藤有紀子編著『母体保護法とわたしたち――中絶・多胎減数・不妊手術をめぐる制度と社会』所収、明石書店、二〇〇二年、一五ページ
(24)『My Life Design――人生を豊かに生きるには』は福岡県公式ウェブサイトからダウンロードできる(http://www.pref.fukuoka.lg.jp/contents/mylifedesign.html)［二〇一八年五月二十八日アクセス］。
(25) 同書一二ページ
(26) 同書一一ページ
(27) 山口智美「家庭が「国家のための人材育成の場」に――「家庭教育支援」「ライフプラン教育」という介入」「週刊金曜日」二〇一七年一月二十七日号、金曜日、二一ページ
(28) 同記事二一ページ
(29) 母子衛生研究会『教えて！聞きたい！中学生のためのラブ&ボディBOOK』母子保健事業団、二〇〇一年
(30) 同書を選んだのは、副教材として全国の中学生に配布する予定のものであり、当時の政府の考えを示していると考えたからである。
(31) 同書一八ページ
(32) 横田恵子「包括的性教育の推進を阻むジェンダーフリー教育バッシング――HIV／AIDS予防教育を疎外する日本の現状」、神戸女学院大学女性学インスティチュート編「女性学評論」第二十号、神戸女学院大学女性学インスティチュート、二〇〇六年、二七ページ
(33) 同論文二七ページ

(34) 和田悠／井上恵美子「一九九〇年代後半〜二〇〇〇年代におけるジェンダーバックラッシュの経過とその意味」「フェリス女学院大学文学部多文化・共生コミュニケーション論叢」第六号、フェリス女学院大学多文化・共生コミュニケーション学会、二〇一一年、三四―三五ページ

(35) 文部省『学校における性教育の考え方、進め方』ぎょうせい、一九九九年、二ページ

(36) 山谷えり子は、のちの第一次安倍内閣では、首相補佐官（教育担当）、第二次安倍改造内閣、第三次安倍内閣では、国家公安委員長、拉致問題・領土問題担当大臣を務めるなど、安倍との連携が顕著である。

(37) バックラッシュと「産経新聞」のはたらきについては、拙稿「フェミニズム・男女共同参画へのバックラッシュ」（「週刊金曜日」編『検証　産経新聞報道』所収、金曜日、二〇一七年、一九七―二三〇ページ）を参照。

(38) 前掲「包括的性教育の推進を阻むジェンダーフリー教育バッシング」二九―三〇ページ

(39) 山口智美／斉藤正美／荻上チキ『社会運動の戸惑い――フェミニズムの「失われた時代」と草の根保守運動』勁草書房、二〇一二年、二四ページ

(40) 山谷はこれに先立ち、二〇〇一年十月三十一日の国会文部科学委員会で家庭科教科書に「人工妊娠中絶」が「女性の基本的人権」と書かれていることについて、「命をつないでいく重さよりも自己決定権が大事と強調されているよう」だと批判するなど、その批判は、女性の自己決定権つぶしに主眼が置かれている。

(41) 「「ピル冊子」波紋拡大　陳情相次ぎ県教委もＮＯ　保護者「配慮に欠ける」」「産経新聞」二〇〇二年六月二十九日付、前掲「包括的性教育の推進を阻むジェンダーフリー教育バッシング」

(42) 詳しくは、荻上チキ「政権与党のバックラッシュ」（双風舎編集部編『バックラッシュ！――なぜ

ジェンダーフリーは叩かれたのか？』所収、双風舎、二〇〇六年、三五七―三七〇ページ）を参照。荻上氏から収集資料の提供を受けたことに感謝したい。

(43) 田代美江子「性教育バッシングを検証する――なぜ性教育攻撃がまかり通るのか」、木村涼子編『ジェンダー・フリー・トラブル――バッシング現象を検証する』所収、白澤社、二〇〇五年、一九一―二一八ページ

(44) 大橋由香子「人口政策の連続と非連続――リプロダクティブ・ヘルス／ライツの不在」、前掲『文科省／高校「妊活」教材の嘘』所収、一六二―一六五ページ

(45) 前掲『学校における性教育の考え方、進め方』二ページ

(46) しかしながら、文科省が二〇〇五年四月から七月におこなった性教育に関する全国調査によれば、保護者からの苦情や問い合わせは全国の都道府県教育委員会に総数二十二件、市区町村教育委員会に六十八件、学校に対しては五百三十九件にとどまった。広瀬裕子は、「組織的な批判キャンペーンが行われていた時期のものであることに鑑みると、むしろほとんどの地域と学校は性教育に関する苦情や問い合わせを受けていなかったと解釈すべき」（広瀬裕子「学校の性教育に対する近年日本における批判動向――「性教育バッシング」に対する政府対応」、専修大学社会科学研究所編「専修大学社会科学年報」第四十八号、専修大学社会科学研究所、二〇一四年、一九九ページ）ことを指摘している。

(47) 前掲『学校における性教育の考え方、進め方』三ページ

(48) 前掲「包括的性教育の推進を阻むジェンダーフリー教育バッシング」二六―三六ページ

(49) 前掲「学校の性教育に対する近年日本における批判動向」二〇五ページ

(50) 文部科学省『健康な生活を送るために（二〇一五年度版）』文部科学省、二〇一五年。なお、この

副教材は文部科学省のウェブサイトからダウンロードできる（http://www.mext.go.jp/a_menu/kenko/hoken/08111805.htm）［二〇一八年五月二十八日アクセス］。
（51）西山千恵子「高校保健・副教材事件とは何か」、前掲『文科省／高校「妊活」教材の嘘』所収、二ページ
（52）同論文三―七ページ
（53）文部科学省『健康な生活を送るために（二〇一七年度版）』文部科学省、二〇一七年、三八ページ

第4章　税制と教育をつなぐもの

堀内京子

はじめに

〝伝統的な理想の家庭〟環境から一万光年ほど離れたお育ちも手伝ってか、私はあるべき家族像が国家によってじわじわ押し付けられそうになることに敏感だ。新聞記者として第二次安倍晋三政権誕生前夜の二〇一一年末から生活や暮らしに関わる部署で取材するようになってからは、それがさらに現実的な懸念になった。ＰＴＡや「親学」の本質を追いかけていくうちに、その押し付け過程で用いられる強力な装置の一つがＰＴＡで、理想的でないと認定された家庭が追い込まれる先が親学なのではないか——と考えるようになった。第二次安倍政権の本質は、安全保障政策やアベノミクスではなく、教育分野でこそ顕著ではないだろうか（エラそうに言う自分も最初は、「ＰＴＡよりもＴＰＰ取材のほうが「できる経済記者」ぽいよね？」と内心ぼやいていた）。一三年に、調査報道で数々のスクープを出していた特別報道部に異動し、地味にＰＴＡや親学の取材を続けていたときも、まさか国家による家族像の押し付けが経済政策にも及んでいるとは想像していなかった。それに気づいたのは、久しぶりに古巣の経済部に戻った一五年だった。

税金がテーマの経済部の連載「にっぽんの負担」取材班の一人として、親学取材もいったん封印し、自動車や医師会など、「業界」の力がモノを言う税制改正の取材にとりかかった。それなのに、「三世代同居」や「夫婦控除」といった税制を取材してみると、その実現過程に出てくる登場人物たちと、これまで取材してきたＰＴＡや親学に連なる人たちが、驚くほど重なっていた。それはこれまで政策に影響を及ぼすような〝業界〟としては認知されていない何か——言ってみれば「家族の絆業界」のようなものだった。

安倍政権で（少なくとも「家族」の名のもとで）おこなわれていることは、もしかしたら教育も税制も憲法もみんな同じなのではないだろうか。何かが、すべての政治政策分野について一つの目的——ある特定の家族像、そして国家像につなげること——に向かって粘り強く動いていた。親学にしろ、三世代同居にしろ、新聞社のタテ割りの関心領域にとどまるかぎりは、それらが連動しているとはわからなかったかもしれない。標榜している「家族の絆」は全否定しづらいからこそ、一刀両断に「何かが間違っている」とは言えず、原稿にできない気持ち悪さに悶々とするしかなかった私は、たまたまこの時期に部署を横断したことで、教育と経済という異なる視点から安倍政治の実像を眺めることができた。

二〇一七年、PARC自由学校から最初に依頼されたテーマは「親学」だった。私が主に親学を取材していたのは一二年―一四年頃なので、最新の親学事情には疎いと躊躇したが、税金の話も一緒にしたら自分のなかで整理もできるのではないかと考えた。最初に税制、次に「親学」の話もしたので、結果的には詰め込みすぎで浅い回になってしまったのは反省点だ。それでも、別々に見えるテーマをあえて一緒にすることで、舞台が税制であっても家庭教育であっても、「伝統的な」家族を全面に押し出した施策が実現した背景に、誰が、どのように関わってきたのか、という視点でみれば共通点がないか、参加者のみなさんと議論できたのは有意義だった。その、「家族の絆業界」が、どのようにして自らの国家像・家族像を政策に結び付けているのか。記事や私の取材した材料から、その一端を共有できればと思う。

まず、家族の絆業界の力が政策に及ぼす影響が（意外にも）典型的に現れた税制の話から始める。

1　税制で誘導される家族のかたち

夫婦控除――独身税のネガとポジ

本書のもとになった自由学校で私が話すちょうど一週間ほど前に、ネット上で「独身税」が炎上していた。

「かほく市ママ課「独身税」提案　財務省主計官と懇談」[1]というタイトルで、子育て中の女性で作る「かほく市ママ課」と、財務省の阿久澤孝主計官（元石川県総務部長）の意見交換会が二十九日、かほく市役所で開かれた。ママ課メンバーは「独身税」の創設や医療費削減に関する思いを伝えた。

ママ課は市のプロジェクトの名称で、三十代から四十代の女性七人が参加していた。メンバーが「結婚し子を育てると生活水準が下がる。独身者に負担をお願いできないか」と質問したのに対し、阿久澤は「「確かに独身税の議論はあるが、進んでいない」と述べた」という記事が発端だった。

炎上するほどだから、「Twitter」などでは「個人の生き方にペナルティーか」「かほく市ノーフューチャー」など、批判的な意見が多数だった。誰だって「税金を取られる」ことには敏感だし、いまどき、独身＝贅沢とは思えないからなおさらだ。では、何か減税みたいな、お得な雰囲気をまとった「控除」だったらどうだろう。

実は、炎上のわずか一年前、裏返せばちょうど独身税と同じなのに、それが実現するかのように登場したときには、批判どころか前向きに迎えられた税制案が登場した。炎上しなかった理由はたぶん、「夫婦」であれば配偶者の収入が百三万円を超えても適用されるという新たな税金控除、「夫婦控除」という名前のおかげだろう。配偶者控除の拡大というよりも、より独身税に近づいているこの夫婦控除は、税制による法律婚への誘導税制なのにもかかわらず、だ。[2]

自民党の茂木敏充政調会長（当時。現・人づくり革命担当大臣など）が二〇一六年九月に、自民党税調を飛び越えて報道各社のインタビューで明かした後、「夫婦控除」がまるで実現するかのようにニュースで取り上げられると、雑誌やネットではさっそく「お得な働き方は？」「夫婦控除のメリットは？」などの特集や記事が増えた。

この税制の下絵を描いた自民党の「家族の絆を守る特命委員会」は、二〇一五年九月二十五日に公表した「家族の絆を強くする税制についての提言」のなかで、「相続法とは別の政策ツールにより、家族の絆を守る施策を積極的に推進すべきであるとの意見が提示された。具体的には、所得税（扶養控除の見直し）や相続税に係る分野だが、このような税制的な政策ツールを併せて活用することにより、政府与党一体となって、家族の絆を守る総合的な政策が推進されることを期待する」[3]としている。当時、税金取材班の記者としてこの委員会幹部に取材し、夫婦控除の根拠について聞いてみると、「結婚すれば親戚づきあいなど、気の進まない会合に出る機会も多く、スーツを着る機会も増えるから」という答えが返ってきて脱力したのだった。

結局この年、「夫婦控除」は実現せず、配偶者控除が拡大した程度で着地した。でも、配偶者控除に不公平感（＝損している）をもち、配偶者控除廃止の急先鋒だったはずの共働き女子（マスコミ女子を含む）たちのなかにも、自分たちが控除の対象になりうる（＝得する）となったとたん、生き方で税金が変わるという税の原則から外れていることを忘れたように矛を収めて歓迎する人がいたことに危機感を覚えた。この税制が、その原則である「簡素・公正・中立」の中立の原則を侵していること――つまり、法律的に結婚している人だけを対象にしていて、例えば独身者や離婚者、シングル親や事実婚、同性婚カップルには適用されないという点は強調しておきたい。

冒頭のかほく市のケースは、「夫婦控除」がいったん表舞台から消えたように見えても、その考え方は脈々と息づいていることを示唆している。独身税がまさに戦時中に検討されていたという、斎藤貴男の指摘の鋭さは、まったく古びていない(4)。

次に、「夫婦控除」と違って、本当に実現してしまった家族に関する税制をみてみよう。

三世代同居税制――奇妙な税制、不思議な経緯

二〇一六年、安倍政権下で奇妙な税制が生まれた。「風呂・玄関・トイレ・台所」のうち二つの設備が、二つ以上ある家を「三世代同居住宅」と呼び、その条件に合うようにリフォームした場合に税額控除する制度だ。業界で長く親しまれてきた「二世帯住宅」ではなく、あえて「三世代同居住宅」と呼び、しかも目的は「少子化対策」というものの実際に子どもが生まれたかどうかは控除の対象者には問わないという、結果的にはそれって政策なのかと首をかしげたくなるものになった(5)。「簡素・公正・中立」という税制の原則が侵された、ウソのような税制が本当に実現してしまうまでの、興味深い事例として、新聞などいくつかに書いた。詳しくは「現実無視のイデオロギーが税制歪める　首相指示により「三世代同居」前面へ(6)」や『徹底検証　日本の右傾化』を読んでいただきたい。

この取材でいちばん勉強になったのは、「税制の中立」についての考え方だった。三世代同居税制を、押し付けられたかたちで苦労した国土交通省の説明はわかりやすかった。

三世代同居住宅が加わることになった「住宅リフォーム減税」のなかには、従来から「省エネ住宅」「耐震住宅」「バリアフリー住宅」という三種類があり、それぞれ基準に合うようにリフォーム

した場合には税額控除される。その三つが、生き方の中立性を損なわないのは明らかだ。例えば、同じ価格で建てられる、①省エネ効率の高い家、②燃費の悪い家、のどちらがいいかと聞かれたら、普通は①を選ぶだろう。同じように、同じ価格でⓐ耐震強度の高い家と、ⓑ耐震強度が低い家なら、おそらくみんなⓐを選ぶだろう。

では、同じ価格でⓘ三世代同居向けの家（玄関・トイレ・台所・玄関のうち二つ以上が二つある）」と、ⓘⓘそれ以外の家（単身者向け、夫婦だけの家、玄関・トイレ・台所・玄関は一つずつでも）が建てられるなら、どれがいいか、と聞かれたとき、その答えは……？　正解は、「人によって違う」。国交省が当初、この税制案に難色を示した理由は、「「住まい方」はまさしく生き方であり、多様な価値観があり希望が異なる中で、「三世代同居」という住まい方だけが優遇されるというのは、税制になじまないから」、というものだった。そんな明快な解説の半年後に、その税制が実現したのだから私は相当に驚いた。[7]

もちろん例外はある。税制は、施策的に公平でなくてもいい。青山学院大学の三木義一学長（租税法）に話を聞きにいくと、「税制は公平でなくても、誘導してもよい場合がある。国民の間に、それによって誘導される政策が必要だという合意があり、十分な説明があったときだ」と説明された。この考え方は、税金以外でも通じるのではないかと考えられる。

ともかく、目新しい税制が出たときには、メディアはそれに飛び付きがちだ。でも、それを面白おかしく論じたり受け入れたりする前に、税制の原則を歪めていないかを見る必要がある。みんな憲法のもとで生きていると考えている人もいるかもしれないけれど、人間はたぶん、それほどリベラルじゃない。税金のほうがよっぽど生き方を左右する。憲法を変えるより、税制を変えるほうが影響力があるかもしれない。その点については、山谷えり子参議院議員や自民党の特命委員会のほうがよほど早く気がついていたので、お話を聞きにいったほうがいい(8)。

さて、次は親学の話を。

2 親学は「国家親道」を目指すのか

なぜ「親学」なのか?

私は二〇一一年末、くらし報道部生活グループという部署で、ひょんなことからPTAの取材に関わることになった。「専業主婦 vs ワーキングマザー」の構図で女の闇がドロドロ……という先入観があり、経済記者ならPTAじゃなくてTPPのほうがカッコいいよね?と後ろ向きなスタートだったのだが、すぐにそんな単純な構図ではないことがわかってきた(9)。いまでは、日本の多くの小中学校で見られるPTAは、教育委員会や町内会などとも複合して、日本社会の同調圧力を利用した、親の相互監視システムの意味合いが強いのでは、と思うにいたった。

PTAが母親たちを動員する講演会テーマを見ていると、「親学」という見慣れない単語が目についた。調べてみると「親が変われば子どもも変わる」と唱えて、親子の関わり方を見直そうと説く、どうも親向けの子育てプログラムのようなものだった。べつに悪くなさそうだが、親向けの育児指南なら、欧米から紹介されたものも含めて数多くある。でも、親学はその広まり方になんとなくざらっとしたものを感じた。教育委員会主催の講演会や県主催の講演会などでよくその言葉が出てくるのだ。なぜＰＴＡが親学講座を開けば一万円を補助なの？　ほかのプログラムじゃだめなのか？　誰だろう、親学とセットで写真がよく出てくるこのひげ面の人は？

ここでいったん、親学が表舞台に出てくる少し前に戻りたい。「家族の絆業界」の大物と言えば、お茶の間でもすっかり有名になった日本会議だろう。教育分野での最初の成果が、彼らが長年進めてきた教育基本法の改正（二〇〇六年）だ。第一次安倍政権のほとんど唯一の成果ともいえる。当時は、「愛国心の涵養」や「道徳の教科化」が注目を集め、議論されたが、もう一つ重要だったのは国家や自治体が家庭教育に介入する口実を得たということだったと、人々が気づき始めるのにはもう少し時間がかかった。

日本会議は教育基本法改正について、ウェブサイトで次のように解説している。

「「すべて学校任せ、万引きも教師が対応」という現状から、「生活習慣の習得や躾は親の責任、非行も親がまず責任をとる」方向へと改善される」「今後は、「家族の日」制定、自治会・町内会など地域の子育て支援ネットワークづくり、家族と一緒に過ごす時間を確保する勤務体系の導入などが図られる」「家庭教育支援のため、父親と母親の役割を自覚させる「親学」を普及させる」

その工程表どおり、教育基本法が改正されてわずか一週間後の二〇〇六年十二月に、親学推進協会を立ち上げてのちに会長に就いたのが、ひげの教育学者・高橋史朗である。「親学」の中身は大枠で無難なものだ。特徴的なのは、一般人を対象に「親学講座」を開催し、受講時間を満たし、レポートが通れば「親学アドバイザー」に認定され、親学アドバイザーになれば、教育委員会やPTAが主催する講座から講演依頼がくることもあるというものだ。子育てに失敗したと思う人でもアドバイザーになれる[10]。

関連団体のイベントでも「親学の提唱者」として紹介されている高橋史朗だが、明星大学特別教授であり、憲法改正運動を進める日本会議の政策委員、教育基本法の改正運動にも取り組んできた。「自分が考案したのではない」と強調するが、少なくとも実際に精力的に動いてきたのが高橋であることは間違いない[11]。

二〇一二年の親学全国大会（後述）で紹介されたビデオメッセージでは、高橋はこう語っている。「全国の行政にかなり大きな動きが出ている。親育て、子育て支援、親が親として成長していくことが大事だという考え方が盛り込まれてきた。あるいは個別の自治体でいくと、私が教育委員長をしていた埼玉、また森田健作知事の千葉県も親学の提言を盛り込んだ。また県議会レベルでは熊本で三回公演した。また大阪市。行政によっては「親の学習」という名称をつかっているところもあるし、親学が多くの行政に入ってきている。一刻も早く全国に広めたいと思っている」「親学のコンベンションセンターで親学二千人の集まりが行われた。それは無理だろうと思っていたが、日本財団が実際にカウントしたら二千人を超えた、感動的なセミナーだった。沖縄県石垣市や浦添市などでも広がっている[12]」（傍点は引用者）

高橋史朗はさまざまなところで「親学セミナー」を開催している。二〇一一年から一二年頃のネット上で拾えるだけの講座を書き出してみても、いったい高橋が何人いるのかと思うほど、全国を飛び回っていた。そして、各地の自治体の教育委員会やＰＴＡ連合会などの講演会を中心に「親学」が急速に露出を増やしていく。「ＰＴＡが親学講座を開けば一万円を補助」というところも出てきた。「親学アドバイザー」を取得している地方議員も増えた（ちなみに「親学アドバイザー」を取得している議員たちは三世代同居税制・補助の推進派であることも多い）。埼玉県の上田清司知事は高橋史朗を県教育委員に抜擢し、その後、県教育委員長に。その肩書を足がかりに仙台、そして国の男女参画会議委員などに加わっていく。いまでも、埼玉県は日本で最も親学関連のセミナーの開催が盛んだ。

高橋史朗が言及した千葉県などは、

親が自信と誇りをもって子育てを行い、親も子どもも一緒に学び、育っていくことができるよう、全ての親に対して子育ての在り方や重要性を啓発し、家庭の教育力向上を支援します。

（略）

１　「親学」の導入など家庭教育の支援[13]

第3章―Ⅲ　教育の原点としての家庭の力を高め、人づくりのために力をつなげる

親が自信と誇りをもって子育てを行い、親も子どもも一緒に学び、育っていくことができるよう、様々な状況にある子育て中の親たちに対し、発達の段階に応じた育児・教育相談の機能充実を図ります。さらに、「親学」など民間団体のプログラムも含めた、学習機会の提供方法

について検討するなど、すべての親に対して子育ての在り方、重要性を啓発し、家庭の教育力の向上を支援します。[14]

と、例として「「親学」など」と取り上げている。このように、親学は、親向けプログラムのなかでも特別な存在となり、自治体レベルから、まずは子どもをもつ家庭に向かって静かに広められてきた。なぜ、たくさんあるなかで、「親学」なのか。「三世代同居」を推進する税制と同様に、そこに県民の合意や合理的な説明はない。[15]

なお、「親学」は単体でそれほど意味があるわけではない。現在、検討されている「家庭教育支援法」によって、不適合家庭をあぶり出し、再教育するための受け皿として機能するのではないかと考えられる。親学と家庭教育支援法はセットで見なければならない。

「親学」と同義の「家庭教育支援法」

現在、検討されている家庭教育支援法は、教育基本法で地ならしをし、受け皿としての「親学」をほかの親向けプログラムよりも有利に普及させたうえで、家庭教育を親学に収斂させていくという、国家神道ならぬ「国家親道」を完成させるような動きに見える。

二〇一二年四月十日。安倍首相が自民党総裁に返り咲く半年前、安倍を会長として超党派の「親学推進議員連盟」が発足した。事務局長にはのちに文科相に起用される側近の下村博文。議連が発足した日の安倍のメールマガジンには「教育は本来「家庭教育」「学校教育」「社会教育」の三本柱で行われなければなりません。しかし戦後「家庭教育」が消され、家族の価値すら、危うくなっています」「安倍政権時代に教育基本法を全面改正し、家庭教育について書き込みました。私達の議連は改正基本法を基に、「家庭教育支援法」を制定し、子供達の為に子育て家庭を支援していきたい」[16]とある。「親学」推進議連の発足に際し、話しているのは家庭教育支援法。二つは安倍首相にとって同義なのだ。

安倍が失意のうちに下野している間に支えてきた勢力もまた、「親学」つながりだ。それを象徴するような場面が、安倍が自民党総裁に返り咲いてわずか十日後の十月六日に、首相のお膝元である山口県下関市で数百人を集めて開かれた「山口県親学推進セミナー」だ。自民党は野党に甘んじてはいたが、もはや民主党政権は末期で、第二次安倍政権の発足が確実視されていた時期だった。

このとき、登壇した安倍を熱狂的な拍手と歓声で迎えた会場の参加者のなかで目立ったのは、就職活動中のような濃紺のスーツに身を包んで会場に集まったＴＯＳＳの教師たちだった。ＴＯＳＳ（Teacher's Organization of Skill Sharring）とは、東京都の公立小学校教諭だった向山洋一[17]が一九八三年に立ち上げた「教育技術の法則化運動」がその前身で、全国に公称一万人の会員がいるという。向山はこの大会で、安倍を「安倍さんのような方が登場することを、われわれはどれだけ待ち望んでいたことか！」と持ち上げた[18]。

一年後、二〇一二年九月に埼玉で開かれた「第一回　埼玉親学推進セミナー」でも、ＴＯＳＳの存在感が際立った。日本で初めて家庭教育支援条例が成立した熊本県からＴＯＳＳのメンバー教師がわざわざやってきて、自分たちがどのようにして条例を実現に導いたかを詳しく報告した。県議にはたらきかけて県議会で六回質問してもらったことや、県議会の文京教治安委員会に呼ばれて「保護者の協力を得るためにどのようにしたらいいか」について意見を述べたこと、自民党県連の条例作成会議に参加して話したことなどが、制定につながったと報告。「われわれＮＰＯ法人のような団体も、家庭教育に関する企画を申請することができる。草の根からの家庭教育支援ができる[19]」と強調し、会場から拍手が湧いた。家庭教育に関する企画を、なぜ家庭からの要望ではなく教員集団が出すのかという疑問の声は、家族の絆業界が主張する「家庭の教育力の低下」という大きな声でかき消されそうだ。

二〇一四年の一月二十四日夜。東京・平河町のホテルで開かれた、国家基本問題研究所の月例研究会の取材に出かけたのは、「親の責任、国の責任～日本の教育を取り戻す～」というタイトルにひかれたからだ。ジャーナリストの櫻井よしこが理事長で、司会を務めるこの研究会で、登壇したのは当時文科相だった下村博文、ヤンキー先生こと義家弘介、親学推進協会会長の高橋史朗。「転んで足首にヒビが入ってしまいました」といいながら、参院議員の山谷えり子（当時は親学推進議連の事務局）が車いすでかけつけたのには驚いた（はじめのうち、会場の後方でパソコンを打っていた私を、係の人が「取材でしたらぜひ前のほうへ」と連れていってくれたため、私は山谷えり子や西川京子の後ろの席で講演を聴くはめになった）。いまや東京都知事の小池百合子による「月例研究会の開催についてお喜び申し上げます。今後のさらなるご健勝をお祈りします」という祝電も紹介された。会場が割れんばかりの「君が代」斉唱で始まった研究会は、まさに「親学」一色だった。

義家は、「就学時前検診をもっと教育化し、親には「親としての責任を果たします」という誓約書を書かせるべき。親としての道を誤った人、逸脱している人は、しっかり指導してあげる」と持論を述べ、下村は「自民党が野党のとき、これから家庭教育を充実していく必要があるという趣旨で髙橋史朗先生に支援してもらいながら、私が事務局長、安倍現総理が当時会長になって超党派の親学推進議員連盟を立ち上げました。百人ほどの議員連盟でしたが、このなかで、家庭教育推進法を作るべく勉強会を重ねてきました」と述べた。親学推進議員連盟は、家庭教育推進法（家庭教育支援法）を作る目的のものだったことは明白だ。現在、熊本県を皮切りに八県五市で条例が成立している。まず地方を固めて、じわじわ国政レベルでの法案成立を目指している。

国民誰もが対象になる可能性

家庭教育支援法について、「家庭教育が難しいおうちもあるよね、「支援」だからいいんじゃない？　うちは支援される困った家庭じゃないし」「自分は独身だから「家庭」も「教育」も関係ない」と思っている人がいたら、ちょっと考え直してほしい。

この法案は、世帯ごとの人数が減り、家族がともに過ごす時間が短くなったので家庭教育支援が「緊要な課題」になったと指摘。「生活のために必要な習慣を身に付けさせる」ことや「国家及び社会の形成者として必要な資質が備わるようにする」ことの必要を掲げている。そして、地域住民（つまりどこかに住んでいるかぎり誰でもあてはまる）に対し、「国及び地方公共団体が実施する家庭教育支援に関する施策に協力するよう努める」と責務を課すものなのだ。

例えば会社ぐるみで「親学アドバイザー」を取得するよう勧められるとか、ＰＴＡ会員が動員されているような講座への出席を要請される。「地域と子どものためのイベント」だからと、当然のように寄付金を求められたりする。「家庭教育」という名のもとで、国や行政が旗を振るイベントに協力させられる。――そんなことが起きないとは言えない。もはや、戦時中に文部省から発表された「戦時家庭教育指導要綱[20]」の世界だ。全国のＰＴＡや教育委員会が開く母親講座は、戦時中の家庭教育講座や母親講座の名残だと考えられる。よい親に導く役として期待される「親学アドバイザー」は、ナチス・ドイツが戦争に勝てるように家庭教育を進めるために設けた「専業主婦マイスター」とダブって見える[21]。

私がいま、薄目で見守っているのが安倍政権が旗を振っている「キッズウイーク」だ。前述の、日本会議のウェブサイトの記述「今後は、「家族の日」制定、自治会・町内会など地域の子育て支援ネットワークづくり、家族と一緒に過ごす時間を確保する勤務体系の導入などが図られる[22]」を思い出していただきたい。キッズウイークに合わせて、市教委やＰＴＡ連合会などが主催する「親学」「親守詩」などのイベントが開催されたりするのかもしれない。「働き方改革」などは後付けの理由であり、そこにはシングル親やサービス業についている親など多様な家族へのまなざしも、個人生活への敬意も皆無。薄っぺらな家族像を掲げて国が個々の家庭の休日に介入してくる暴走だ。「家族の絆業界」のこれまでの活動と実績を知っても、あなたはこの予期せぬ連休プレゼントを、ほほえましく思って受け取るだろうか[23]。

おわりに

数十年前、私が愛知県の田舎の公立中学生だったとき、「希望」や「絆」はいつも身近にあった。学年便りの愛称は「希望」だったし、黒板の上に額装された学級訓は「絆」だったからだ。反抗的な目つきをしたからというだけでビンタされたような管理教育全盛期で、私は美しいスローガンが必ずしも美しい世界を意味しない、むしろ逆、ということをぼんやり感じていた。

都会の自由な校風の公立高校に進学し、その世界のあまりの違いに驚いた。そしてある地域で当然の規範とされているあれこれが、ほんの二十分も電車に乗るだけで奇異に映ることも知った。

「理想的な家族のイメージについて国民の意識を一つにしたい、それも国家にとって都合のよいものを」

三世代同居税制や「親学」から聞こえてくる、現政権のホンネはそんなメッセージだ。

わが家を含め、さまざまな事情を抱えた中学時代の同級生たちに当時、「伝統的な家族」や「家族の絆」と言われても、さぞ窮屈だったと思う。人生の迷走を重ねたいまは、なおさらそう思う。どんな生き方をしても、それぞれ個人が自分の生をまっとうすることが、活力ある社会（そして税制）の基盤であるはずだが、例えば結婚していない、子どもがいない、などで自分を否定されたように感じ、肩身が狭い思いをする人がいる。それは決して日本の伝統ではないし、世界の常識でもない。

税制と家庭教育、どちらも、一見、政治とは無関係のような……というか、少し社会問題に関心のある人たちが「政治と関係があってはならない（＝だから関係あるはずがない）」と考えるような分野だ。少なくとも私がそうだった。あまりにも身近、そしてどちらかというと清廉なイメージ。それは、字面からしてきな臭い、安全保障関連法や特定秘密保護法などとは違うタイプの危険だ。

この分野にも、現政権は、あくまで、最初は「国民の希望」や、地方からの要請を積み上げるかたちで、国家にとっての理想的な家族になるようなプログラムを組み込んでいく。国レベルで決まったことをもとに、再び地方議会や教育委員会に還流して、それが強化されるというループのなかにある。しかも、「個人」というやつは、労組や業界団体のような組織化された団体をもたない。一人で立ち向かうにはあまりに非力な「個人」は、むやみなスローガンの対象にされても押し返すだけの力はない。だからこそ、少しでも多くの人と合言葉を共有したい。ほんの少し、電車に乗って視点をずらすような気分で。

「家族の絆」「親学」「三世代同居」と聞こえたら、すぐ振り向いて指さし確認──。

この十年余、残念ながら日本の家庭教育をめぐるイメージは多様性を失った。憲法の一条文も変わらないのに、教育基本法は〝改正〟され、税制も変質し、少しの違和感とともに社会の既成事実となっている。閉塞感や違和感が常に胸の中にあるのだが、その正体が何かわからないうちに、憲法が想定するような成熟した市民社会に住んでいないのではないかと思うような政策やスローガンが発表される。

何か、気持ち悪いことが起きている。それは「時代の空気」とかいう抗えない何か、例えば自然災害のようなものではなく、「誰かが立案して推進力になっている」というシンプルな事実を、できるだけ多くの人と共有したい。そうすれば無力感に陥らず、次のことを考えられると思うからだ。生活が困難で子どもと向き合えない親たちの誰が、「家庭教育を支援してくれ」と頼んだだろうか。就労支援や生活支援が先だろう。少子化の元凶とされる働く親たちも、「保育園をもっと作って」「長時間労働をやめさせて」「ダンナも家事手伝え」とは言うが、誰が「三世代同居で住みたい」って頼んだの、何それ？[24]

つまるところ、安倍政権がやっていることは、「控除」「支援」「家族の絆」「〝希望〟出生率」「休日」とか、耳ざわりがいい単語を撒き餌にして「みんなが求めているもの」を提供するような雰囲気を醸しながら、実際のところは多様な価値観を無視した「それじゃない」政策で、一つの型に全体を流し込んでいくものだ。

それらの施策の一つひとつを議論するのは相手の土俵に乗ってしまうことになるし、記者やジャーナリスト、研究者などの職業でないかぎり、論破していく義務も時間もない。そもそも共感できる部分もあるし、価値観の問題で正解はないものも多い。ただ、いくつも選択肢があるなかから、なぜある特定の一つが急に取り上げられ、みるみるうちに実現していくのか、それは本当に優先順位の高いものなのか。何かが推進されるとき、そこに合理的な判断、政策の対象となる人たちのニーズ、優先順位を挙げて推進していいという国民合意はあったのか――。その一点を根拠に、それぞれの立場や視点からおかしいと発信し続けることが、ＳＮＳ（ソーシャルネットワーキングサービス）時代にできる抵抗なのだろうかと考えている。

注

（1）「北國新聞」二〇一七年八月三十日付
（2）詳しくは、塚田穂高編著『徹底検証 日本の右傾化』（〔筑摩選書〕、筑摩書房、二〇一七年）の第十二章「税制で誘導される「家族の絆」」に書いたので、それをぜひ読んでほしい。
（3）「家族の絆を強くする税制についての提言」家族の絆を守る特命委員会、二〇一五年九月二十五日
（4）斎藤貴男「個人の生き方にペナルティを課す「独身税」という発想」、福島みずほ編『みんなの憲法二四条』所収、明石書店、二〇〇五年、二〇〇―二〇七ページ。なお、「家族の絆を強くする税制についての提言」のなかでもふれていたように、相続税で配偶者を優遇する政策もすでに検討されている（「配偶者相続に新優遇案「結婚二十年・住宅贈与」が対象」「朝日新聞」二〇一七年二月二十八日付）。法律婚の配偶者だけが対象で、同じように、残されたパートナーが住むための家を確保するのが難しいはずの同性婚や事実婚のケースは視野に入っていない。
（5）内閣府が当初、税制案を作ったときには子どもが生まれたかどうかを調査するという項目もあったが、それこそ生き方にかかわる問題になるということで消えた。その結果、「少子化対策」の効果をどのように図るのかについては目をつぶることになった。
（6）「Journalism」二〇一六年五月号、朝日新聞社、五五―六一ページ
（7）取材し、記事を書いたのが二〇一五年から一六年。加計問題が報じられたとき、まるで似たような構図が同じ時期に起きていたことに震撼した。筋書きは内閣府で、需要の算出根拠が不透明、担当官

庁（三世代同居は国交省、加計は文部科学省）が難色を示していたのに、安倍首相の肝いりで（三世代は「首相指示」、加計問題は「総理のご意向」）で一気に実現に向かった、という点だ。

（８）二〇〇八年六月二日付の山谷えり子のサイトでは「税のあり方は、人々の意識やライフスタイルを変えます。とりやすいところからとるといった安易なことでなく、人々の幸せと、次世代のすこやかな成長、ふるさととの豊かな輝きを願うことがベースとしてある税制でなければ絆がこわれてしまいます」（http://www.yamatani-eriko.com/old/message/0806_1.html［二〇一八年五月十一日アクセス］）としている。なお、徴税機能は、最も強い国家権力の一つといえる。森友問題で安倍首相をかばって、苦しい答弁を貫いた佐川宣寿・前財務省理財局長が、国税庁長官に任命されたのもまた皮肉かつ象徴的だと思われる。

（９）数百通の反響の手紙や取材をもとに、「朝日新聞」の同僚たちと「どうする？　ＰＴＡ」シリーズや「ＰＴＡは国策推進の道具になるな」、フォーラム面などを書いてきた。書籍では、二〇一七年に出た岩竹美加子の『ＰＴＡという国家装置』（青弓社）を激しくおすすめしたい。

（10）二〇一二年に愛知県東海市で開かれた「親学推進セミナー」（市教委・ＰＴＡ協議会共催）で、親学推進協会会長（当時）の木村治美が言っていた。

（11）二〇一三年十月十五日付の親学推進協会のメールマガジンではこうつづっている。

「国家基本問題研究所の櫻井よしこ理事長から理事長室を使って教育問題の月例研究会を立ち上げてほしいと依頼を受けた。四つのテーマの原案を提示したら、親学の研究一本にしぼってほしいといわれた。有難い。望むところである。これからは、親学と対日占領政策の研究に全身全霊を投入するつもりである」

また二〇一二年六月三十日、ＰＨＰ研究所東京本部で、文科省の生涯学習政策局男女共同参画学習課家庭学習支援室、というところも参加して、「第一回　親の学び・親育ち支援ネットワーク」が開かれた。約二十の団体が参加。親学推進協会の理事長として高橋史朗が参加していた。親学推進協会の理事をしていた大江弘が、ＰＨＰ研究所の所属として運営スタッフで参加したり、親学を推進しているＮＰＯ法人のＴＯＳＳに所属する、現役公立小学校の教師たちもオブザーバーとして複数参加するなど、ネットワークと言いながら会合のなかの「親学」濃度はやや高かった印象だ。高橋史朗とも初めて名刺交換した。その戦闘的な経歴を恐れながらだったが、とても柔和な物腰で身構えたこちらが拍子抜けするほどだった。

(12) 二〇一二年、親学全国大会での高橋史朗のビデオメッセージ。

(13) 千葉県総合計画「新　輝け！ちば元気プラン」（二〇一三年十月二十三日決定）の第三章第二節の小見出し「③教育の原点としての家庭の教育力の向上と人づくりのための連携」(https://www.pref.chiba.lg.jp/seisaku/sougou/singenkiplan.html)［二〇一八年五月十一日アクセス］

(14) 千葉県教育委員会「新 みんなで取り組む「教育立県ちば」プラン――千葉県教育振興基本計画」（二〇一〇年二月策定）(https://www.pref.chiba.lg.jp/kyouiku/seisaku/keikaku/plan2/index.html)［二〇一八年五月十一日アクセス］

(15)「親学」が一般ニュースでスポットライトを浴びたのは、二〇一七年、森友問題との関わりだ。安倍首相夫人の安部昭恵の講演会のタイトルが「親学・教育講演会」だった。ほかにも、この幼稚園で講演したのは高橋史朗、櫻井よし子など。

(16) 安倍晋三の二〇一二年四月十日のメールマガジン。

(17) 余談すぎるが、二〇一八年二月、「アルマーニの制服導入」で話題になった銀座・泰明小学校が特認小学校になった当時の校長を〇九年に務めていたのは向山の弟だ。

（18）教育の政治的中立についてはどのように考えているのだろうか。前述の二〇一二年六月に、文科省の親の学び・親育ち支援ネットワークの取材中、オブザーバーとして参加していたＴＯＳＳのメンバーたちと交換した名刺に、ＴＯＳＳの名前と勤務先の公立小学校の名前が併記されていたことに違和感を覚えたことが思い出される。

（19）「第一回　埼玉親学推進セミナー」二〇一二年九月

（20）自由法曹団作成の超訳が親しみやすい文体で内容がよくわかる。

（21）藤原辰史『ナチスのキッチン――「食べること」の環境史』（水声社、二〇一二年）。また、院内集会「家庭教育支援法案の何が問題か？」（二〇一八年一月二十九日開催）のポイント要約（https://article24campaign.files.wordpress.com/2018/02/e5aeb6e5baade6959e882b2e694afe68fb4e6b395e6a188e381aee5958fe9a18ce782b9.pdf）［二〇一八年五月十一日アクセス］が詳しい。

（22）「日本会議」（https://www.nipponkaigi.org/opinion/archives/1163）［二〇一八年五月十一日アクセス］

（23）その後の二〇一八年二月二日付「産経新聞」の記事「キッズウイーク、少なくとも十一市が導入検討　取り組み状況、政府調査へ」が興味深い。記事によると、「政府は一日、小中学校の長期休みの一部を別の時期に分散する大型連休「キッズウイーク」に関し、全国で少なくとも十一市が導入を検討していることを明らかにした。香川県丸亀市など五市は新たに学校休業日を設定。那覇市など六市は祭りなどに合わせた既存の独自の休業日を活用する。これを踏まえ、政府は平成二十九年度中に改めて全国約千八百自治体の取り組み状況に関する詳細な調査を行い、導入を促す考えだ」とある。調査という名目で、導入を促進するようだ。

（24）厚生労働省「人口減少社会に関する意識調査」二〇一五年十月二十七日

第5章　家庭教育への国家介入の近代史をたどる

奥村典子

はじめに

家庭教育とは、教育機能そのものを目的とした教育の専門的概念ではなく、だから教育制度化されたり、カリキュラム化されたりできない性格のものであり、個々の子どもの主体性や個性的なパーソナリティの育成を保障するものとして、社会の歴史と文化のなかで、目に見えないかたちで存在し、機能しているものである。したがって、学校教育の下請けでもなければ、学校教育を補完する教育でもない。それぞれの家族の構成員が基本的な欲求を満たしながらおこなう生活の営み、それ自体が子どもに及ぼす教育機能が家庭教育なのである。例えば、その基礎のうえに親（保護者）を中心とした家族による意図的なはたらきかけの過程での乳幼児期のしつけは、基本的生活習慣の形成や社会性・道徳性の発達の基礎になり、子どもの自我の発達や人格形成の側面で大きな意味をもつ。さらに子どもは、親（保護者）の行動様式や態度を模倣、同一視しながら成長していく。言い換えれば、子どもたちが成長するうえで直面する種々の問題を解決しうる能力を育むことを目的とした、家庭という私領域での営みとして尊重されるべきものが家庭教育だと筆者は考えている。

本章で取り上げる一九三〇年に開始された家庭教育振興政策は、国民形成という観点から国策の対象として家庭教育を学校教育に準じた位置づけに高めることを目指して開始されたものである。すなわち、本来「私」的であるべき家庭教育が国民形成という名目上、国家政策の視野に収められた。そして、日中戦争開戦以降の「教学刷新」の気運の高まり、さらには、国民学校発足によって家庭教育の目的に「皇国民錬成」が結び付けられ、母親は学校教育の方針に即した教育内容を学校と地域社会との連携を図りながら子どもに営むことが求められたのである。それだけではない。太平洋戦争開戦以降、戦時動員体制と教育を結び付ける機能が重く課せられたことで、家庭での錬成の内実は、子どもの教育以上に、防空、配給、勤労、増産といった銃後生活の刷新につながる活動に重きが置かれ、母親は家庭での教育者ではなく、それらを担う「労働力」であることが強いられた。すなわち、戦時下家庭教育政策は、母親が子どもに営む「私」的教育としての機能を阻む要素を内包した歴史事象なのである。

二〇〇六年末に公布された改正教育基本法の第十条で、家庭教育の振興を図る重要性が明示され、文部科学省は家庭教育支援を目的とするさまざまな施策を展開している。また教育界でも、家庭教育が子どもの人格形成、とりわけ規範意識の形成に果たす役割は大きく、しつけを核とする家庭教育のあり方に注意を払うことは「教育」(学校教育)の充実を図るうえで重要であるという考えから、学校教育とともに家庭教育の再生が主張されてきている。さらに一六年十月には、家庭という私的領域への公権力による介入とも見て取れる「家庭教育支援法案(仮称)」(未定稿)が自民党によってとりまとめられた。

このような動向を精査するうえでも、家庭での「私」的教育を阻む歴史事象をひもとくことで得られる知見は少なくないと考えられる。(1)

1 一九三〇年以前の「家」の観念と家族の特質

本節では、なぜ一九三〇年に家庭教育に関する政策が開始されたのかを考えるにあたり、明治以降の「家」の観念と家族の特質について見ていきたい。

日本で家庭教育という概念が広がりを見せ始めるのは明治以降のことである。新政府は、欧米列強に追い付くために急速な近代化・産業化の推進、富国強兵、家制度、公教育の整備に乗り出した。

一八七一年、すべての国民を身分に関係なく、現実の生活単位である「戸」で把握する戸籍法が制定された。これによって「家」は国家の基礎単位とされ、家族とその成員は国家に直接的に管理される対象として位置づけられた。また徴兵制度や徴税制度、教育制度などが戸籍制度を前提として成立したことで、制度の体制化を通じて、「家」観念と「家族国家観」を国民に意識させ、それを再生産し、体制を安定させる役割を担わせていった。[2]

一八七二年には学制が公布され、学校教育という制度化された公教育が登場した。これは、すべての子どもに教育を受ける機会を提供することを意味する一方で、国家が推し進める学校教育制度の枠内に子どもを囲い込み、世界に通用する「国家有用の日本人」を養成する過程ともなった。

そして学校が登場して以降、子どもが主に生活する場は学校と家庭とになり、学校では国家方針に基づく教育を子どもたちは受けるが、家庭で何の教育もせず放任されていたら、その教育効果が落ちてしまうのではないか、と考えられるようになった。そこで、学校教育を支え、補完する機能が家庭教育に求められ、その機能を担う役割として注目されたのが母親だった。一八九〇年代以降、女性や母親を読者に想定した書物が数多く出版され、そこでは、公教育体制を支える家庭の責任者として、女性に良妻賢母であることを求めることや近代国家の礎として非親族の干渉を排し、親子や夫婦を単位とする小家族の「家庭」のありようが説かれたもの、伝統や慣習ではなく、科学的な知識に基づく家庭教育論などが強調されていた。[3] このように、家制度と近代教育制度の成立に伴い、家庭という私的領域での教育への国家介入の道が開かれ、母親には家庭のなかで公教育体制を支える役割が課せられていった。

大正期に入り、産業化と都市化が進展すると、都市部を中心に新中間層という新たな階層が形成されていく。新中間層の職業は、学校教育を経て形成される近代的職業（官吏、教員、会社員、職業軍人など）だったことから、新中間層の親たちはわが子を立身出世による経済的な成功者にするため学歴主義を信望した。すなわち、子どもの教育に高い関心を抱く「教育する家族」が誕生したのである。(4)「教育する家族」は一方で、わが子が学歴競争の勝者になれないかもしれないという不安のなかで、子どもの「純真無垢」や「童心」の価値に重きを置く童心主義の教育観を抱く階層でもあり、子どもの個性に沿った個人本位の社会化を志向する家族でもあった。

また、第一次世界大戦後の資本主義経済の発展は、工場労働者を創出し、労働運動を発展させた。農村地域では各地で小作人組合が結成され農民運動へとつながった。そして、貨幣経済が農村にも浸透したことで労働市場が拡大し、土地を所有しない「家」の構成員の都市部への移動が起こり、無産階級を成立させていった。さらには、一九二〇年代半ば以降、天皇の権威性を正面から否定する民主主義や共産主義思想が、中等・高等段階の学校の一部の学生・生徒の間で広まり、普及活動に発展していった。

このような「家」から切り離された国民生活の台頭と民主主義や社会主義の価値観の普及は、政府が推し進めた近代化の必然の結果として表出したものだが、「家族国家観」を権力の思想的支柱とする支配層にとっては脅威になる。そのために、体制側は「家」観念と「家族国家観」の結び付きを国民に意識させるための対応に迫られ、学校教育の場で「家族国家観」を教化する動きへとつながった。

それだけではない。体制側は天皇制秩序に基づく国民道徳の確立を社会教育領域にも期待し、教育政策の射程を学校教育以外の場へと拡大させ、小学校を中心に子どもたちが社会とつながる領域を学校教育下に取り込む動きをみせていくのである。一九二七年十二月の文部省訓令第二十号「児童生徒ノ個性尊重及職業指導ニ関スル件」の公布や二九年七月の社会教育局の設置、三〇年前後に進められた郷土教育の振興施策は、その表れといえる。そしてこの流れのなかで開始されたのが、次節でみる家庭教育振興政策なのである。つまり、家庭教育振興政策は直接的あるいは間接的に学校教育の不備の穴を埋め、「家族国家観」の教化を担う学校教育の振興に寄与する役割が期待されていたと捉えることができるのである。

2　一九三〇年代の家庭教育振興政策の動向

文部省訓令「家庭教育振興ニ関スル件」の公布

一九三〇年十二月二十三日、文部省は北海道庁・府県宛てに訓令第十八号「家庭教育振興ニ関スル件」（以下、「家庭教育振興訓令」と略記）を発した。[5]以下にその全文を示す。

家庭教育振興ニ関スル件

国運ノ隆替風致ノ振否ハ固ヨリ学校教育社会教育ニ負フ所大ナリト雖之カ根蔕ヲナスモノハ実ニ家庭教育タリ蓋シ家庭ハ心身育成人格涵養ノ苗圃ニシテ其ノ風尚ハ直チニ子女ノ性向ヲ支配ス維新以来教育益々興リ文運彌々隆ナルヲ致セリト雖今日動モスレハ放縦ニ流レ詭激ニ傾カン

トスル風アルハ家庭教育ノ不振之カ重要原因ヲナスモノニシテ国民ノ深ク省慮スヘキ所ナリ顧ルニ往時我カ国民ハ概ネ家風ノ顕揚ヲ旨トシテ庭訓ヲ敷キ家庭ハ実ニ修養ノ道場タルノ観ヲ呈セリ然ルニ学校教育ノ勃興ト共ニ世上一般教育ヲ以テ学校ニ一任シ家庭ハ其ノ責ニ与ラサルカ如キ情勢ヲ馴致セリ現時ニ於テ屢々忌ムヘキ事相ヲ見ル洵ニ故ナキニアラサルナリ此ノ時ニ方リ我カ邦固有ノ美風ヲ振起シテ家庭教育ノ本義ヲ発揚シ更ニ文化ノ進運ニ適応シテ家庭生活ノ改善ヲ図ルハ啻ニ教化ヲ醇厚ニスル所以ナルノミナラス又実ニ国運ヲ伸張スルノ要訣タルヲ疑ハス家庭教育ハ固ヨリ父母共ニ其ノ責ニ任スヘキモノナリト雖特ニ婦人ノ責任重且大ナルモノアリ従ツテ斯教育ノ振興ハ先ツ婦人団体ノ奮励ヲ促シ之ヲ通シテ一般婦人ノ自覚ヲ喚起スルヲ主眼トス之カ実際的施設ニ関シテハ別ニ示ス所アルヘキモ地方長官ハ右ノ趣旨ヲ体シ今後一層斯教育ノ振興ヲ図リ各種教育施設ト相俟チ我カ国民教育ヲ大成スルニ於テ万遺憾ナキヲ期スヘシ

昭和五年十二月二十三日

訓令では、家庭教育を学校教育・社会教育と並ぶ「国運ノ隆替風致」の根底と位置づけ、家庭教育のありようが思想問題などに多大な影響を及ぼすと家庭教育の重要性を指摘する。そして、今日の家庭教育が不振に陥っている原因が「学校教育ノ勃興ト共ニ世上一般教育ヲ以テ学校ニ一任シ家庭ハ其ノ責ニ与ラサルカ如キ情勢ヲ馴致セリ」と、家庭教育を学校教育に一任していたことにあるとし、その改善策として、「我カ邦固有ノ美風」の振起、「文化ノ進運ニ適応」した家庭生活の改善などに努めることで家庭を「心身育成人格涵養ノ苗圃」とすることを求めている。

このように、文部省は近代学校教育の行き詰まりの打開策の一つとして「家庭教育振興訓令」を発し、かつそこでは家庭教育の役割を無視して学校教育をもって教育のすべてであるかのようにしてきた自らの方針を批判、修正してまでも学校教育では補えない家庭生活が有する独自の教育性を尊重した家庭教育を奨励することで、子どもたちの思想問題を防止、打開するねらいが含まれていたのである。

教学刷新への移行

とはいえ、「家庭教育振興訓令」で示された方針は以後一貫して推し進められたものではなかった。一九三五年二月以来の「天皇機関説問題」を機に、「日本精神」や「国体明徴」に対応する新たな教育の理念と政策を構築する動きが現れると、家庭教育もその流れに取り込まれていく。

一九三五年十一月、文部省は、「国体観念、日本精神ヲ根本トシテ学問、教育刷新ノ方途ヲ議シ、宏大ニシテ中正ナル我ガ国本来ノ道ヲ闡明シ、外来文化摂取ノ精神ヲ明瞭ナラシメ、文政上必要ナル方針ト主ナル事項トヲ決定シ以テ我ガ国教学刷新ノ歩ヲ進メ、其ノ発展振興ヲ図」ることをねらいとする教学刷新評議会（以下、教刷評と略記）を設置した。(6) 教刷評では、諮問「我ガ国教学ノ現状ニ鑑ミ其ノ刷新振興ヲ図ルノ方策如何」の審議がおこなわれ、一九三六年十一月に「教学刷新ニ関スル答申」が文部大臣に提出された。答申では、「社会教育刷新ニ関スル実施事項」の「(二) 家庭教育ニ関スル事項」で「家庭ニ於ケル子女ノ躾ト教養トヲ重ンジ、学校教育ニノミ依頼スルノ弊ヲ除クト共ニ、家庭ト学校トノ聯絡ヲ一層密接ナラシメ、教育ノ精神及ビ方針ヲ相互十分ニ理解スルト共ニ協力シテ子女ノ教養ヲ全ウスルコト肝要ナリ」と示された。これは、家庭での教育を学校に任せきりなのはよくないとし、家庭は学校と同じ目的（「教育ノ精神及ビ方針」）のもとで子どもの教育にあたることを要請したものである。

また一九三七年十二月には、「朕文物ノ進運及中外ノ情勢ニ鑑ミ国本ヲ無窮ニ培ハンガ為内閣ニ委員会ヲ設置シ教育ノ内容及制度ヲ審議シ其ノ刷新振興ヲ図」ることを目的とする教育審議会が内閣に設置され、諮問第一号「我ガ国教育ノ内容及制度ノ刷新振興ニ関シ実施スベキ方策如何」が初等教育、中等教育、高等教育、社会教育、教育行政の観点から審議された。

初等教育に関する審議では一九三八年十二月八日に「国民学校ニ関スル要綱」「師範学校ニ関スル要綱」「幼稚園ニ関スル要綱」を収めた答申「国民学校、師範学校及幼稚園ニ関スル件」が作成、決議され内閣総理大臣に提出された。

「国民学校ニ関スル要綱」(7)は、その第四項目で「国民学校ノ教育ハ左ノ趣旨ニ基ヅキ国民ノ基礎的錬成ヲナスモノトスルコト　(一)教育ヲ全般ニ亙リテ皇国ノ道ニ帰一セシメ、其ノ修錬ヲ重ンジ、各教科ノ分離ヲ避ケテ知識ノ綜合ヲ図リ其ノ具体化ニ力ムルコト　(二)訓練ヲ重ンズルト共ニ教授ノ振作、体位ノ向上、情操ノ醇化ニ力ヲ用ヒ、大国民ヲ造ルニ力ムルコト」と「国民ノ基礎的錬成」を国民学校の教育目的とすることを示した。「錬成」とは、精神や身体の鍛錬を通じて「国体」の理念を深く内面化させることを目指した教育の理念をいう。そして第十五項目では、「学校ト家庭ト相俟チテ国民学校教育ノ完キヲ期スルニ力メ、之ガ為適当ナル施設ノ整備ニ付考慮スルコト」と示し、家庭に対しても国民学校と同様、「国民ノ基礎的錬成」を施すことを求めた。

このように「教学刷新」の流れを機に、家庭教育をめぐる政策方針は家庭教育を重視しながらも、「錬成」を担う学校教育を補完、補強するものとして捉えられていったのである。

家庭教育振興事業の実施

家庭教育振興政策のなかで掲げられる方針を母親層へ普及・浸透を図るための事業として、文部省社会教育局は一九三〇年度から三八年度の間、母親と家庭の主婦を対象とする「母の講座」を直轄学校あるいは府県庁の教育機関に委嘱・開設した。「母の講座」の開催期間は年度や委嘱先によって異なるが、おおむね一日三、四時間の講義を週に一、二回実施し、約一カ月間開催している。表1は参加者の職種の内訳を示したものである。表が示すように、「母の講座」の開設規模は回を重ねるごとに拡大し、開設地は約四倍、参加者は約八倍にまで増大している。また、参加者の職種は各年度で専業主婦の割合が多いが、しかし三二年度を境に農業従事者や商業従事者など、職業を有する母親の参加が増加している。

開設規模の拡大に連動するように、「母の講座」の開設趣旨は変化していく。開設初期は、家庭教育の振興を図ると同時に社会・文化の発展に即した家庭を形成するために必要な知識を母親に身に付けさせることを趣旨としていたが、一九三四年度では「時勢の進運に伴ひ一家教育の要務にあたる母の品性の向上を図り、的確なる識見を養ひ以て円満なる母性の発達と堅実なる家庭を樹立する」こととされ、さらに日中戦争勃発後の三八年度では「健全ナル母性ノ陶冶ヲ図」ることで、

表1　参加者の職種の内訳

年度	開設地数	参加者数	参加者の職種									
			農業従事者	工業従事者	商業従事者	会社銀行事務員	官公吏	神職僧侶	医師薬剤師産婆	学校教員	専業主婦	その他
1930年度	4	637	6	9	22	27	26	3	16	85	425	18
1931年度	5	932	4	10	32	33	56	3	25	105	639	25
1932年度	10	2,192	138	3	74	6	26	0	13	177	1,636	119
1933年度	13	2,620	264	66	167	53	62	6	127	244	1,586	45
1934年度	14	3,558	754	63	367	95	48	6	76	309	1,819	21
1935年度	15	3,934	795	73	446	167	145	23	84	347	1,698	156
1936年度	17	4,955	2,014	95	703	128	84	26	113	269	1,390	133

「国家構成ノ単位」としての家庭を樹立し、特に「銃後ニ於ケル家庭報国ノ実践」に寄与することを趣旨とした。

趣旨の変化は講義内容にも反映された。一九三〇年代前半の講座では、学校での教育内容に偏った家庭教育を批判し、家庭生活のなかで生まれる教育的素地を重んじる家庭教育の奨励と近代社会の発展に即した家庭生活のあり方が講じられていたが、三〇年代半ば以降では、「教学刷新」の方向性を強めた学校教育に連動する家庭教育や戦時下家庭生活を支えるための知識・技術の習得を奨励し、さらにはそれら内容を補強する天皇に奉じる臣民であるためにも「私」を捨て、「忠孝一本」の道徳的観念の涵養を国民生活の課題とする日本精神論が講じられたのである。

　このように、文部省は自ら掲げる政策方針を母親層へ普及・徹底させる機能を「母の講座」に期待し、その機能を確実なものとするためにも開設規模を拡大させ、すべての母親を講座の対象として取り込むことに努めたのである。

3　総力戦体制下での家庭教育振興政策の動向

家庭での錬成

　一九四一年四月、「皇国民ノ基礎的錬成」を目的に掲げる国民学校制度が発足した。国民学校令施行規則第一条で「家庭及社会トノ聯絡ヲ緊密ニシ児童ノ教育ヲ全カラシムルニカムベシ」と規定されたことで、母親には学校・家庭・地域社会という横のつながりのなかで子どもの錬成にあたる役割が期待された。また同年六月に教育審議会が内閣総理大臣に答申した「家庭教育ニ関スル要綱」(8)では、「家庭教育ハ子女育成ノ基礎タルヲ以テ皇国ノ道ニ則リ我ガ国家族制度ノ美風ヲ振起シテ家生活ヲ充実シ健全有為ナル子女ヲ薫陶スルヲ以テ趣旨トナスコト」（第一条）と、家庭教育の目的を「皇国ノ道」にのっとることと規定し、学校と連携を図りながら家庭生活と学校教育の内容をともに家庭のなかでおこなうことを求めた。このように国民学校制度発足後の家庭教育振興政策は、国民学校の錬成体制下へ母親を位置づけ、学校の教育方針に沿う内容を子どもに施すことを母親の役割としたなかでスタートした。

しかしアジア・太平洋戦争開戦以降、戦時動員体制と教育を結び付ける機能が重く課せられていくと、母親に期待する錬成の内実は変わっていく。戦時動員体制とは、一九三七年の国民精神総動員運動の実施と翌年四月の国家総動員法公布を契機に、前線・銃後の区別なくすべての人や物、場を戦争遂行の資源として体制内へ取り込むことを目的とする国家政策のことである。四二年五月に文部省が発表した「戦時下家庭教育指導要項」では、家庭教育に「我ガ国ニ於ケル家ノ特質ノ闡明並ニ其ノ使命ノ自覚」「健全ナル家風ノ樹立」「母ノ教養訓練」「子女ノ薫陶養護」「家生活ノ刷新充実」という五つの項目を要請し、それらはすべて「大東亜共栄圏」確立を目指した戦時体制に直接結び付けられ、「家」と「家族国家観」との結び付きの強化や、「皇国ノ後勁」としての子どもの育成、日常生活のなかに訓練を取り入れた「躾」の要請、時局に即応する主婦の責務として国防訓練の奨励などが規定された。一方で、四一年に発表された「家庭教育ニ関スル要綱」で強調された学校と家庭との連携、あるいは学校教育に即した子どもの教育にあたることといった内容は一切盛り込まれなかった。つまり政策側が求める母親の役割には、学校との連携のもとでの子どもの教育以上に、労働力不足を補うための労務動員や銃後生活を支える防空、増産、貯蓄などの遂行に重きが置かれていたのである。

そして決戦下での家庭での錬成は、さらなる進展の様相を呈していく。文部省教学局は、『国体の本義』（一九三七年）、『臣民の道』（一九四一年）に続く指導書として、一九四三年以降「家の本義」の編纂に臨み、四四年三月の刊行を計画した。しかし、戦局の悪化のために刊行されることは

なかった。(9)

「家の本義」のなかでも、「忠孝一本」の精神や国民道徳の啓培を通した「家」の観念の涵養を主張している。しかしそれは、これまでの主張とは異なるものだった。例えば、「陛下の赤子として国家に有為な人物となるまで一意専心養ひ育て鍛え上げ、祖先の志のまにまに、国の大御親に捧げまつる」(第二章第一節「むすび」)や「己一個の死、親子兄弟夫婦の離別などは国のため大君のためにはいとふことなく悠々たる態度をもつて国難を打開克服せんとする」(同前)、さらには「祖先の祭祀はこの様に家にとつて非常に重要なものであるが、それは決して絶対なのではない。我等が如何に篤く祖先を祭つても、如何に深く子孫の繁栄を計つても、現在の生活に於て皇運を扶翼し奉るべき臣道に悖るならばそれは本末転倒である。(略)真に家を思ふならば家を忘れねばならない」(第三章第一節「まつり」)といった内容を展開している。これは、国家を発展させるためであれば「家」が滅ぶことをよしとし、また生まれた子どもは「わが子」ではなく「陛下の赤子」であり、親の務めは「陛下の赤子」を天皇の楯へと育て上げることと説くものであり、国家の発展、天皇の恩恵に報いるためであれば「家」の崩壊も認める理論を展開していたのである。

つまり、文部省は銃後生活を支えながら、国家と天皇に対する「忠誠」を表す戦闘要員を養成することを「家」の役割としていて、そしてこれが、国民教化政策へと完全に取り込まれた戦時下の家庭教育振興政策が行き着

表2　「家の本義」の構成

第二章　家の精神	第三章　家の生活
第一節　むすび	第一節　まつり
第二節　みち	第二節　しつけ
第三節　いつくしみ	
第四節　やはらぎ	

いた、家庭での錬成の姿といえるのである。

家庭教育振興事業の展開

①講座の開設

文部省は、母親と家庭の主婦を戦時体制へと動員する一つの方法として、一九三九年以降、講座方式を用いた家庭教育振興事業の実施に取り組んでいった。三九年度から四一年度には国民学校母の会会員を対象とする「家庭教育指導者講習協議会」と「家庭教育講座」を開催した。前者は女子師範学校を開設地とし、後者は「優良ナル」小学校母の会、母姉会または婦人会のうちから一、二カ所を選び、小学校を開設地とした。両講座では、「家」を護る使命を課せられた母親が修養するべき精神論や、皇国の子どもを育てるための家庭教育方法、そして戦時下生活を支えるための家事方法を中心とする講義を開設していて、新たな家庭教育の目的となった錬成を普及させる母親の準備教育機関として位置づけられていた。

一九四一年度から四三年度には、文部省主催「母の講座」が奈良女子高等師範学校に委嘱・開設され、そこでは、「大東亜戦争」を支えるうえで不可欠な「家庭報国ノ実践ニ寄与」する「婦人」の修養に重点が置かれていた。そして四三年度から四五年度には、「戦力増強」に不可欠な戦時下家庭生活の刷新を目的に掲げる「母親学級」が文部省、大日本婦人会そして恩賜財団大日本母子愛育会、三者のもとで開設された。このようにアジア・太平洋戦争の開戦を境に、家庭での「教育」をどう振興すべきかから家庭「生活」をどう刷新すべきかへと明らかな方針転換を遂げていたのである。

方針の転換に呼応するように、講座の対象者にも変化が生じていった。国民学校発足に併せて開設された「家庭教育指導者講習協議会」と「家庭教育講座」は、国民学校に子どもが在籍する母親を講座の対象としたが、「母の講座」と「母親学級」はすべての母親と家庭の主婦を対象としたのである。国民を挙げての「戦力増強」が要請される最中にあっては、対象を絞り込むことはもはや意味をもたなかった。このように、開設規模や参加対象者を拡大しながら展開させたことで、文部省が講座に期待した母親の「動員」機能は強化・拡大されていったのである。

②小学校「母の会」

小学校「母の会」とは、地域の小学校を後援するというねらいのもとに地域住民あるいは保護者の意志によって一九二〇年代半ば以降に設立されたものである。しかし三〇年十二月に「家庭教育振興訓令」が出されると、文部省が進める家庭教育振興政策を支える役割が「母の会」に求められた。そして三七年の国民精神総動員運動の開始以降、「母の会」には学校を介して母親を体制内へ動員する役割が期待され、文部省は完璧な家庭教育実践網を築くためにも、全国津々浦々にある小学校に「母の会」を設置することを要請し、小学校「母の会」の整備・組織化に乗り出していった。

一方、一九三〇年代末以降、市町村レベルでも行政区内の小学校「母の会」をとりまとめる「聯合母の会」の組織化が各行政区主管の教育担当部局の後押しを受けて図られていった。ここでは、「東京市聯合母の会」の組織化の状況をみてみたい。

一九四〇年六月、東京市教育局長・皆川治廣を会長とする「東京市聯合母の会」が結成された。結成総会では、「皇民として、次代の国家を担当すべき青少年の一人なりとも其の処を得ないものがあつてはなりません。上御一人に対し奉つても申訳のないことであります。殊に今日興亜の大業をなさんとする国家非常の時に当り、私共はこの皇民錬成の大任を有する母として、必ず責任を他に、転嫁することなく、自粛自戒し、敬虔な態度で、左の家庭行事を実践いたしませう(10)」という「申合せ」が提出され、満場一致の決議で採択された。これは、会員に対し「皇民錬成の大任を有する母」としての責任と自覚を求めるとともに学校を中心とする隣組と母の会を通した活動の普及を要請したものであり、学校を活動の拠点とすることで、錬成を目的とする家庭教育振興政策に市内の母親を取り込むねらいが盛り込まれていたのである。東京市教育局は、国民学校教育の目的や時局問題の解説あるいは戦時下家庭生活の刷新方法を会員に説く講習会を定期的に開催し、市内の母親を家庭教育振興政策に取り込むことに努めていった。

一九四三年四月、「東京市聯合母の会」は「学園教育団体ヲシテ真ニ教育翼賛ノ精神ニ基キテ学園ノ教育ニ貢献セシムルト共ニ家庭教育ノ振興ニ努メシテ以テ本来ノ使命トスル皇国民錬成ノ重任ヲ分担セシムル」ことで、「聖戦完遂ノ体制確立」を目的とする「東京市学園母の会」へと再編された。会長は教育局長が務めている。また発足に伴い、「家風ノ樹立」や「母性ノ修錬」、「皇民ノ錬成」に努めることを会員に要請する「学園母の会指導要項(11)」が発表された。注目すべきは、具体的な家庭教育の指導内容として「要項」の第十条で「学園母の会ハ文部省制定ノ戦時家庭教育指導要項ニ基キ家庭教育ノ充実刷新ニ努ムルコト」と四二年に文部省が発表した「戦時家庭教育指導要項」を挙げている点にある。前述したように、「戦時家庭教育指導要項」が示す内容は、家庭での子どもの教育のあり方以上に母親の時局認識や戦時下生活刷新のあり方に比重を置いたものである。つまり、「学園母の会」の会員は子どもの錬成にあたるとともに防空・増産・貯蓄といった戦時下家庭生活の刷新に努めることが使命として課せられたのである。さらに、「学園母の会指導要項」と併せて発表された「学園母の会会則」では、児童・生徒の母親とともに学校長と教職員も学園母の会の正会員となることが規定された（第五章「会員」の第十四条）。つまり学校長と教職員は、母親とともに要項に基づく活動に邁進することが要請され、そして母親たちは家庭での子どもの教育だけではなく、体制に応じる家庭生活までも教職員に指導されることになったのである。

このように、小学校「母の会」の整備・組織化は、学校が家庭と母親の役割に対して、てこ入れを図る道を開くことで、効果的に母親を体制内へ取り込む機能を強化させていったのである。

③地域組織の統制

一九四一年に出された国民学校令施行規則第一条で、教員は地域住民の教化を目的とするさまざまな活動に参加することが求められ、地域社会は家庭とともに学校の指導の対象へと組み込まれていった。

一方で、文部省と内務省による地域の教化団体への統制も進められ、防空、配給、貯蓄といった銃後後援活動の円滑な運用を目指した隣組と常会の整備・組織化が図られていった。さらには、一九四〇年に結成された大政翼賛会、四二年に発足した大日本婦人会もまた市町村が管轄する部落

表３　東京市町会制度の変遷

「東京市町会規準」（1938年4月）	改正「東京市町会規準」（1941年5月）	「東京市町会規程」（1943年4月）
目的：「隣保団結シ旧来ノ相扶連帯ノ醇風ニ則リ自治ニ協力シ公益ノ増進ニ寄与シ市民生活ノ充実向上ヲ図ルヲ以テ目的トスル地域団体」（第１条） 会員：世帯主	目的：「隣保団結シ旧来ノ相扶連帯ノ醇風ニ則リ地方共同ノ任務ヲ遂行シ市民生活ノ刷新充実ヲ図ルト共ニ国策ノ徹底ヲ期スルヲ以テ目的トスル地域団体」（第１条） 会員：世帯	目的：「隣保団結シ万民翼賛ノ本旨及旧来ノ相扶連帯ノ醇風ニ則リ地方共同ノ任務ヲ遂行シ市民生活ノ刷新充実ヲ図ルト共ニ国策ノ徹底ヲ期スルコト」（第２条） 会員：世帯

（出典：『昭和十三年七月 東京市町会整備堤要』〔東京市役所、1938年〕、「市政週報」第114号〔1941年6月21日発行〕、「市政週報」第206号〔1943年4月17日発行〕から作成）

会・町内会との強固な結び付きを求め、母親と家庭の主婦を「総力戦」を支える労働力として地域を介して体制内へとからめとる構図を形作っていったのである。全国に先駆けて町会制度の整備に着手した東京市の様相をみてみる。

表３にみるように、東京市は一九三八年以降、町会制度の整備を通して市民の生活を管理する機構統制を着実に強化していった。そのなかで、東京市が母親と家庭の主婦を地域組織に取り込むためにまずおこなったことは、町会の会員資格を「世帯主」から「世帯」へと変えることだった。これによって、彼女たちは男性と同等の公的な社会組織の構成員へと位置づけられると同時に、市の統制下に置かれることになったのである。

正式な構成員とみなされた母親と家庭の主婦は、隣組長という役職に就く機会を与えられた。表４は、「東京市町会規準」の改正前と改正後での隣組長の男女比を示したものである。表にみるように、東京市全体の隣組数に占める女性隣組長の割合は改正前も改正後も一〇％に

表4　東京市における隣組長の男女比

年度	女性		男性		隣組数	増加率
	隣組長数	増加率	隣組長数	増加率		
1939年度	2,210 (2.09%)	1.00	103,335 (97.91%)	1.00	105,545	1.00
1942年度	8,766 (7.49%)	3.97	108,205 (92.51%)	1.05	116,971	1.11

（出典：『町会関係資料』〔東京市市民局区長課町会掛、1940年〕、『東京市町会現状調査蒐集』〔東京市戦時生活局町会課、1942年〕から作成）

満たないが、男性隣組長の増加率が一・〇五倍であるのに比して、女性隣組長の増加率は三・九七倍と大きく増加している。東京市全体の隣組の増加率が一・一一倍であることを踏まえると、会員資格の変更が後押しとなり、母親や家庭の主婦が出征や徴用による男性不在の地域組織のなかへと「家」の代表として取り込まれていった様相を呈している。

町会制度の整備開始以降、東京市は「婦人」を対象とした戦時下生活の刷新に比重を置いた町会事業を実施していった。例えば、家族連れや女性の来場が多い百貨店などでの隣組や常会活動の展覧会の開催、配給計画に即した「共同献立[12]」や廃品利用の奨励などが実施され、とりわけ戦局の悪化に伴う配給統制の強化が進むと、いままでゴミとして捨てられていた野菜の皮や根、魚類の内臓、果物の皮を用いた調理方法の普及が隣組の活動に課せられていった。市当局は、廃物を用いた調理方法の普及・徹底を図ることで、食糧不足を軽減させるとともにゴミ処理に必要な燃料（ガソリン）の不足や処理業者の不足の対処としてのゴミ削減につなげていこうとしたのである。そうして、家族のためとはいえ、市が奨励する廃物を用いた調理方法を試みることは、結果として市当局が要請するゴミの削減、さらには隣組の活動に参加することを意味した。

以上のように、戦時体制を支える役割が課せられた学校・家庭・地域社会の連携の構図は、あらゆる「場」を対象とし、かつその拡大・強化を図ったことで、母親の動員数の確保の面では一定の成果を挙げることにつながったといえる。だがそれは同時に、その構図のなかには、母親が銃後支援の労働力として存在する以外の道、言い換えれば、家庭で子どもの教育を担う道はほとんど残されていなかったことを如実に物語るのである。

4　近年の家庭教育をめぐる施策の動向

改正教育基本法

二〇〇六年の教育基本法改正を背景に、あるべき「家庭教育」というものを強調する流れが加速してきているように思われる。それはまさに、戦前の動きを想起させるものでもある。(13)

改正教育基本法では、その第十条で家庭教育の重視が盛り込まれた。

（家庭教育）
第十条　父母その他の保護者は、子の教育について第一義的責任を有するものであって、生活のために必要な習慣を身に付けさせるとともに、自立心を育成し、心身の調和のとれた発達を図るように努めるものとする。

2　国及び地方公共団体は、家庭教育の自主性を尊重しつつ、保護者に対する学習の機会及び情報の提供その他の家庭教育を支援するために必要な施策を講ずるよう努めなければならない。

第十条は、子どもの教育の「第一義的責任」を保護者に課し、「生活のために必要な習慣」「自立心」「心身の調和のとれた発達」に責任を負うものと定めている。国民は子どもに普通教育を受けさせる義務を負うことが憲法と教育基本法で定められている。しかし、この第十条では義務ではなく、「第一義的責任」とされていて、このことは、子どもの教育に関していちばんに責任を負うのは、国でも社会でもなく、保護者としていることを示す。

では、保護者が責任を負う教育とは具体的に何か、それは以下に示す教育基本法の第二条として新設された「教育の目標」に挙げられている「徳目」といえる。

（教育の目標）

第二条　教育は、その目的を実現するため、学問の自由を尊重しつつ、次に掲げる目標を達成するよう行われるものとする。

一　幅広い知識と教養を身に付け、真理を求める態度を養い、豊かな情操と道徳心を培うとともに、健やかな身体を養うこと。

二　個人の価値を尊重して、その能力を伸ばし、創造性を培い、自主及び自律の精神を養うとともに、職業及び生活との関連を重視し、勤労を重んずる態度を養うこと。
三　正義と責任、男女の平等、自他の敬愛と協力を重んずるとともに、公共の精神に基づき、主体的に社会の形成に参画し、その発展に寄与する態度を養うこと。
四　生命を尊び、自然を大切にし、環境の保全に寄与する態度を養うこと。
五　伝統と文化を尊重し、それらをはぐくんできた我が国と郷土を愛するとともに、他国を尊重し、国際社会の平和と発展に寄与する態度を養うこと。

このような「徳目」（あるべき「日本人像」）を法律で定めることは、国家による国民の内面への管理・統制という危険性を兼ね備えたものであり、そのこと自体に問題があると筆者は捉えている。だが、その「徳目」の達成に家庭教育も責任をもたなければならない、そしてそのいちばんの責任を保護者に課すことを改正教育基本法は示唆するのである。確かに第十条には「家庭教育の自主性を尊重しつつ」という文言は含まれている。しかし、家庭教育を支援するための施策を講じるのは国と地方公共団体であり、文言がどれだけ効力をもって維持されるのか不明瞭である。その意味でも、改正教育基本法の公布には家庭のあり方に対する国家介入を許す道を開こうとする政策側の意図を感じざるをえないのである。

家庭教育支援法案

改正教育基本法が布石となって作成されたのが、二〇一六年十月に自民党がとりまとめた「家庭教育支援法案（仮称）」（素案）である。この法案は、国家を支える基礎単位に戦前と同じく「家族」を想定していて、個人よりも家族に重きを置いた内容になっている。そのことは第一条に顕著に表れている。

第一条は、「この法律は、同一の世帯に属する家族の構成員が減少したこと、家族が共に過ごす時間が短くなったこと、家庭と地域社会との関係が希薄になったこと等の家庭をめぐる環境の変化に伴い、家庭教育を支援することが緊要な課題となっていることに鑑み、教育基本法（平成十八年法律第百二十号）の精神にのっとり、家庭教育支援に関し、基本理念を定め、及び国、地方公共団体等の責務を明らかにするとともに、家庭教育支援に関する必要な事項を定めることにより、家庭教育支援に関する施策を総合的に推進することを目的とする」と定めている。

このように、国が家庭教育を支援する理由を、核家族化や共働きによる生活スタイルの変化といった家族を取り巻く家庭環境の変化に置いている。しかし、家庭環境の変化を理由にするのであれば、対策として考えられるのは家庭教育への介入ではなく、家庭環境の改善のための支援で十分だろう。さらに言えば、家庭環境の変化は政府が推し進めた産業化や都市化、それに伴う雇用政策の結果であり、そのことを理由に家庭教育への介入の必要性を主張する本法案からは、近代化の必然の結果として表出した、民主主義や社会主義の価値観の是正のために一九三〇年に開始した家庭教育振興政策との類似性が見て取れるのである。

では、本法案の真のねらいはどこにあるのか、それは第二条に掲げる「基本理念」の徹底にこそあるといえる。第二条は次のとおりである。なお、十月に自民党がとりまとめた素案は、家族を国家主義的な教育の一機関として位置づけるものであるなどの批判を受け、その後、削除・修正が施された。ここでは、本法案の本質を描き出すため十月時点で公表されたものを紹介する。

（基本理念）

第二条　家庭教育は、父母その他の保護者の第一義的責任において、父母その他の保護者が子に生活のために必要な習慣を身に付けさせるとともに、自立心を育成し、心身の調和のとれた発達を図るよう努めることにより、行われるものとする。

2　家庭教育支援は、家庭教育の自主性を尊重しつつ、社会の基礎的な集団である家族が共同生活を営む場である家庭において、父母その他の保護者が子に社会との関わりを自覚させ、子の人格形成の基礎を培い、子に国家及び社会の形成者として必要な資質が備わるようにすることができるように環境の整備を図ることを旨として行われなければならない。

3　家庭教育支援は、家庭教育を通じて、父母その他の保護者が子育ての意義についての理解を深め、かつ、子育てに伴う喜びを実感できるように配慮して行われなければならない。

4　家庭教育支援は、国、地方公共団体、学校、保育所、地域住民、事業者その他の関係者の連携の下に、社会全体における取組として行われなければならない。

条文からは、本法案の「基本理念」が、保護者の自主的な判断による教育を排除し、国が掲げる理念を強制すること、そしてそのためにも、行政や教育機関、地域社会などを介して家族を取り込んでいくことにあると読み取れる。この論理展開からは、体制側が理想とする家庭教育のあり方を提示し、さらにその普及・徹底の基盤として学校、家庭そして地域社会を取り込んでいった戦前の家庭教育振興政策の構造と同様のものを感じざるをえないのである。また本法案の大前提には、「保護者は家庭教育をきちんとしなければならない」という考えがあることも指摘できる。つまり、行政はその考えを徹底させるためにも、家庭教育の中身だけではなく、「子育ての意義」を保護者に理解させたり、「子育てに伴う喜び」を保護者に実感させたりできるような支援をすることをうたっているのである。しかし、どのような意義や感情を抱くかは個人の自由である。これは個人の内面の自由を脅かす以外のなにものでもないだろう。

総じて、本法案は現実の家庭や家族の姿に対応した方針を掲げたものではなく、戦前と同じく、あくまで「家族」を国家に取り込むことで、あるべき「家庭教育」の実践を家族に課すという、家庭という私的領域への公権力の介入の道筋を作ることに、その真のねらいがあると疑わざるをえないのである。

おわりに

近年の家庭教育をめぐる施策の動向は、歴史事象から何かを学び取ろうとする姿勢があまりに希薄である、という感を深くさせるものである。家族の姿やそこでの役割、教育に対する考えは多様である。どれを選択するかは個人の自由であり、権利でもある。国や行政が「望ましさ」を一方的に定義づけ、それを家庭教育レベルにまで押し付けることは、権利に反する問題性をはらんでいるといえるだろう。

家庭教育の課題として問われるべきは、子育ての責任を親個人に課すことでも、家族を権力機構の末端に位置づけることでもない。ましてや、国家主義的な国民を育成するための教育に家庭教育を位置づけることでもない。真の課題は、家庭教育の自由と本来あるべき家族の姿を保障すること。そのためにも、いま私たちがなすべきことは、戦前の家庭教育振興政策がもたらした帰結、すなわち、総力戦が要求する国民の思想的統合と、その国民の生活の場の確保を図るため、「望ましい」家族の姿や家庭教育のあり方を強調し、そこに直接的に介入することで、その深部にまで国家統制を及ぼした歴史事象と真摯に向き合うことなのである。

注

(1) 本章の第2節から第4節の記述は、基本的に拙著『動員される母親たち――戦時下における家庭教育振興政策』(六花出版、二〇一四年)に依拠している。

(2) 「家」制度の特質を論じる研究には、川島武宜『イデオロギーとしての家族制度』(岩波書店、一九五七年)、福島正夫『日本資本主義と「家」制度』(東大社会科学研究叢書)、東京大学出版会、一九六七年)、利谷信義「戦後の家族政策と家族法――形成過程と特質」(福島正夫編『家族――政策と法一(総論)』所収、東京大学出版会、一九七五年)がある。

（3）一八九〇年代以降での女性や母親を対象とするジャーナリズムの研究としては、牟田和恵『戦略としての家族――近代日本の国民国家形成と女性』（新曜社、一九九六年）、小山静子『良妻賢母という規範』（勁草書房、一九九一年）が挙げられる。
（4）沢山美果子「教育家族の成立」、『教育――誕生と終焉』（叢書〈産む・育てる・教える――匿名の教育史〉第一巻）所収、藤原書店、一九九〇年
（5）「官報」第千百九十七号、一九三〇年十二月二十三日
（6）「教学刷新評議会総会議事録　第一輯」『教学刷新評議会資料』上、芙蓉書房出版、二〇〇六年、一六三ページ
（7）清水康幸／前田一男／水野真知子／米田俊彦編著『資料教育審議会　総説』（「野間教育研究所紀要」第三十四集）、野間教育研究所、一九九一年、一三二―一三八ページ
（8）『教育審議会総会会議録　第八輯』（「近代日本教育資料叢書　史料篇」第三巻）、宣文堂書店出版部、一九七一年、八―九ページ
（9）現在確認できるのは、寺﨑昌男／戦時下教育研究会編『総力戦体制と教育――皇国民「錬成」の理念と実践』（東京大学出版会、一九八七年）が用いている未定稿原稿「家の本義」だけである。
（10）東京都立教育研究所編『東京都教育史　通史編　四』東京都立教育研究所、一九九七年、一八二―一八三ページ
（11）「学園母の会指導要項」『東京市学園教育団体指導要項』東京市、一九四三年、五―六ページ
（12）「共同献立」とは、配給計画に基づいて栄養士が作成した献立の食材を配給所がまとめて購入し、各家庭に分配する施策のことをいう。一九四一年六月以降、東京市が国民消費の抑制と家庭生活の合理化を図る目的で実施した。

（13）近年の家庭教育をめぐる施策に対する評価にふれた研究に、木村涼子『家庭教育は誰のもの？——家庭教育支援法はなぜ問題か』（〔岩波ブックレット〕、岩波書店、二〇一七年）、二宮周平「家庭教育支援法について」（本田由紀／伊藤公雄編著『国家がなぜ家族に干渉するのか——法案・政策の背後にあるもの』〔青弓社ライブラリー〕所収、青弓社、二〇一七年）がある。

第6章　在日コリアンと日本人の見えにくい「国際」結婚の半世紀

りむよんみ

はじめに

現代の日本社会では、結婚は当然すべきものというよりは人生の選択肢の一つにすぎないという考え方が広く共有されるようになってきた。同時に、二十一世紀のデジタル世代の若者にとっても結婚は依然として重大な関心事でもある。近年の内閣府調査では男性の七〇％強、女性のおよそ三分の二が結婚は「したほうがよいもの」だという。「価値観が近いこと」「一緒にいて楽しいこと」「一緒にいて気をつかわないこと」を男女ともに重視する一方で、女性の三七・六％、男性の一一・七％が「親が同意してくれること」を結婚相手に求める条件に挙げている。[1]「価値観」という人によって異なり同一人物にとっても時を追って変容し続ける不安定なものが、同一集団内の結婚が望ましいとする考え方（内婚規範）の重要なよりどころになっている。

身分違いの恋や結婚が許されないために数多くの小説の主要なプロットになるような時代ではないが、いざ結婚となると周囲に祝福されての結婚が望ましいという社会規範は現代の日本社会でも堅固たるものであり続けている。[2] 結婚は恋愛プロセスを経た両当事者の自由意思に基づく個人的な選択のようでありながらも、同時代に共有される文化や社会構造の影響を受ける。容姿・人柄や価値観は社会でプラスに評価される要素が時代によって多少は異なるし、独立した家計を維持できるかどうかからいえば、教育水準や職業、職能など社会での立ち位置とも結婚は無関係でいられない。配偶者選択に際し、意識・無意識にかかわらず、成長につれて内面化された社会規範の範囲内での選択・行動がとられるのである。例えば、予定外の「授かり婚」も無謀なものではなく、法律的な結婚が出産に先立つのが望ましいという社会規範にきわめて従順な、計画的で保守的な選択だといえる。

本章では、人生設計に依然として重要な影響をもつ結婚という社会制度を通した家族のあり方の変化をたどる。日本での結婚でも特に例外的な事象、標準的なあり方から逸脱しているケース――異なる集団に属する者同士の結婚＝インターマリッジ――に着目することで、社会集団同士の境界や結婚規範の変化を照射していく。[3] さまざまな制度的な制約に個々人がどのように対峙してきたのだろうか。時代ごとの社会で共有される結婚に関する選択を律する期待・基準（結婚規範）はどのように変化してきたのだろうか。見えにくい「国際」結婚である、在日コリアンと日本人の婚姻をめぐる言説空間での表象から半世紀にわたるインターマリッジの受け止め方を検証し、現代の日本における結婚や家族を束縛する一家族単姓単国籍規範についても考察する。

ちなみに、在日コリアンと日本人の結婚は、次節でふれるように日本で全人口の一%にも満たない在日コリアンにとってはよくあることなのだが、日本人にとっては確率的にきわめてマイナーなタイプの結婚である。二〇一六年の人口動態統計によれば、婚姻ではなく個人を分析単位とすれば、一六年に婚姻届けを出した日本人のうち一・七%の二万千百八十人が外国人を配偶者としている。夫または妻が韓国籍か朝鮮籍である人は結婚した日本人全体の〇・三%（三千六百五十八人）にすぎない(4)。ただ、ここまで例外的だからこそ社会規範の変化をみていくうえで逆に示唆するところが大きいのだ。

次節で、まず在日コリアンと日本人のインターマリッジの背景である近現代の日本の結婚規範の変化を押さえる。次にインターマリッジ当事者による自伝的エッセーや私小説、在日コリアンや日本人のジャーナリストの論考など、多彩な言説を制度変更に沿った時系列に分析し、時代による変遷をまとめたうえで一家族単姓単国籍規範を再考していく。

1　近現代の日本社会における結婚規範の変遷――「身分違いの恋」の悲劇の超克？

国際結婚の歴史的変遷を俯瞰した竹下修子によると、近現代の日本社会の婚姻は、明治初期にまず華士族と平民の婚姻が可能になった。また、身分解放によって「穢多非人」と平民の結婚が一八七一年に認められるようになった二年後の七三年に、内外人の間の婚姻が認められている。[5]明治期はおしなべて内婚の規範作用（同じ集団に属する者同士の結婚を認めること）が強い「ムラ本位の結婚」か「イエ本位の結婚」が主な結婚観だったが、日本が植民地拡大政策をとっていた一九〇〇年代前半（明治末期から昭和初期までの時代）になると、「イエ本位結婚」がより広く浸透していったという。その結果、見合い結婚が大半を占め、女性は生活保障、男性は家存続のための社会的義務としての意味合いが強い結婚観がより一層確立されていった。同時に特に二十世紀以降、優生思想の影響を受け、血筋が遺伝的特質とみられて結婚相手を決める際の考慮に入れられるようになっていくことを、藤野豊やジェニファー・ロバートソンが国民国家形成の文脈でも指摘している。[6]

一九四七年に家制度が廃止されたが、高度経済成長期を経て六〇年代の後半に「個人本位の結婚」が浸透するまで約二十年もの年月を要している。[7]しかし、個人本位の結婚が浸透していくにつれて逆に、興信所や探偵社を使った身元調査も結婚の前におこなわれるようになった。このように結婚差別は、前近代の残滓ではなく近現代の婚姻実践の変遷と深く関わっていた。[8]なかでも被差別部落出身者や在日コリアンに対する結婚忌避は、近現代の人口政策とも関連していたことが知られている。[9] 近代国家成立以降の家族単位での国民管理による一家族単姓単国籍規範が内婚規範とともに作用し、不可視的な人種マイノリティとマジョリティの間に戸籍制度が集団境界線を引いた。[10] 同時に、戸籍制度は明治から戦後にかけて一貫して、戸主・世帯主との関係による序列記載を通して家族のあり方（倫理や規範）を具体的に明示し続け、感情や意識のレベルでも社会生活に影響を及ぼしてきた。[11]

マジョリティとの婚姻は、異民族・異人種マイノリティの受容・同化の重要な指標として捉えられることが多い。我妻洋と米山俊直による一九六〇年代の調査結果では、六二・二％の日本人回答者が朝鮮民族との結婚に反対しており、朝鮮民族が外国人のなかで最も日本人に婚姻を忌避される集団だったが、[12] 国籍別婚姻動向を統計で見るかぎりその傾向は大きく変化している。個人を分析単位にとると、韓国・朝鮮籍者で二〇一五年に日本国内で結婚した者の八〇・〇％が日本国籍者と、一六・六％が韓国・朝鮮籍者と婚姻している。一九六五年に日本人と婚姻した者の比率は二一・〇％に対し韓国・朝鮮籍者同士で婚姻した者は七八・五％だったことを考えると、約半世紀の間に比率がほぼ逆転したことになる。[13] 佐々木てるによると、近年の在日コリアン若者世代の恋愛・結婚動向は「民族的差異」が「他の多くの差異に同列にあつかわれはじめている」という。[14]

ちなみに、本章でいう在日コリアンとは、旧日本国籍者だった植民地朝鮮出身移民とその子孫を指す。一九九一年に一本化された在留資格である特別永住資格をもつ韓国籍または朝鮮籍（国内の行政手続き上は無国籍）、あるいは帰化や先代の日本国籍者との婚姻・帰化などによる日本国籍を有する人たちを含む。大多数が日本で成育して日本語が母語だが、その集団帰属表象は実に多様である。[15] 民族ネットワーク・自営業を通じた世代間の教育水準・職業的地位の上昇がみられ、日本社会のモデルマイノリティとも評価しうる移民集団の一つである。[16] その一方で、近年は在日コリアンに対するネット上の差別書き込みやヘイト街宣が、「ヘイトスピーチ解消法」が二〇一六年に施行されてもなお後を絶たない。つまり民族的出自による恋愛・結婚への制度的なかせはなくとも、出自を示すことの社会的コストは依然として皆無とはいえない状況だろう。

次節では、在日コリアンと日本人のインターマリッジや恋愛に関する小説や回想記から、在日コリアンと日本人の婚姻規範の変遷を、社会全体の歴史的・構造的変容にも留意しながら検討していく。

2 言説にみるインターマリッジをめぐる社会規範の変容

ではここで、公刊され入手可能な文章を通して、家族のインターマリッジへの反応や一家族単姓単国籍の規範との交渉を中心に在日コリアンの日本人との婚姻に対する社会規範がこの半世紀にどう変容してきたのか分析していく。記述してあるインターマリッジの成立時期の順を追いながらも、制度上の差異に基づいて大まかに時代を区分しておきたい。在日コリアンと日本人の婚姻に大きく影響する法制度上の変更は、一九八四年の国籍法改正（施行は翌一九八五年）に伴う日本国籍付与の父系主義から父母両系主義への転換と、韓国の国籍法の父系主義から父母両系主義への転換（一九九七年改正、九八年施行）である。本節では、この二つの制度上の変更を挟む時代区分を三つに分け、インターマリッジをめぐる言説をたどっていこう。

日本国籍父系主義時代の語り——戦後から一九八〇年代前半

日本生まれの世代の在日コリアンの日本社会への同化は無理からぬ流れであっても、戦後の長年にわたって、日本で軍国少年として育った世代の男性を中心とする在日コリアン知識人が日本語を駆使した言論活動に従事していくなか、植民地支配に対する反動は根強かった。特に遠距離ナショナリズムと反同化イデオロギーは双璧をなしていて、民族純血思想的な在日コリアンの内婚規範へとつながっていた。帰化やインターマリッジは民族への裏切りで滅亡を招くといわんばかりの否定的評価を受けてきた時代が長く続いたが、在日コリアン知識人が政治運動などで知り合った日本人女性と結婚する例も少なくなかった[17]。日本人マジョリティの側も、優生学的発想を反映した近代的な結婚規範の影響から、血統や遺伝を重視する考え方とともにより厳密な内婚規範をもっていて[18]、国境や民族を超えた恋愛結婚には膨大なエネルギーが必要な時代が続いた。

①戦後の混乱期の語り——植民地支配反動の熱い政治のなかで

徴兵・戦死によって日本人の適齢期男女の人口のバランスが崩れ、食糧難など生活苦を極めていた時代の結婚事情は、高度経済成長期以降とは時代背景が根本的に異なる。まずここで二つの戦後混乱期の在日朝鮮人知識人と日本人女性の結婚についての自伝（もしくは自伝的作品）をみていこう。一九四五年から五二年にかけての連合国による日本占領期に、在日コリアン（朝鮮半島に戸籍がある「日本人」）は、四五年内に男子普通選挙権がまず停止されて四七年の外国人登録令の対象とされながらも、五二年のサンフランシスコ講和条約発効までは在日コリアン（朝鮮人という言い方が一般的だった）と日本人の結婚は広義の「日本人」同士の結婚にあたるとされていた。金一勉と日本人女性の結婚はその過渡期の出来事であるのに対し、高史明の結婚は在日コリアンの日本国籍が失効して、「当面の間」日本への在留を許可されるという立場の外国人になった直後のことという違いがある。

金一勉の『日本人妻と生きる』[19]は、戦後の混乱期に日本人の妻とその間に生まれた娘を抱えながら、大学に通いつつ始めてみた素人古本屋稼業の惨憺たる火の車ぶりや、社会全体が困窮しあらゆる制度が破綻をきたしていた時代に暮らしを成り立たせていくことがどういうことなのか、時代のリアルな証言になっている。大学の講義に出かけていく金との間に生まれた小さな娘の世話をしながら古本屋の店番に立つのは、日本人の妻「富江」である。店の資金繰りは悪化する一方で、売れる物はすべて売り払って食費を捻出していたものの、高利貸からの取り立ては容赦がない。仕方なく、妻は娘を実家において北海道に働きに出ることになる。結局、金が再度娘と暮らすようになったある日、妻の危篤の知らせを受け取るところでこの自伝的作品は終わる。この作品では、家庭を顧みる余裕がまったくない志半ばの男性中心の結婚生活と、それでもその男の顔色をうかがいながら生きていかざるをえない当時の困窮した日本人女性の立場の弱さがつぶさに描かれている。

祖国の混乱状況や日本国内の朝鮮人の動向に対応して活動していきたい金の願望は、妻子の存在と生活苦のために空回りするが[20]、金の関心事は妻には一切共有されていない。計画性がない妊娠によって二人の結婚はやむをえずの選択だったことは作品中で語られるが、二人の出会いについてはふれられず、そもそもどう知り合ったのかはわからない。貧しい生まれで学校にもろくに通えなかった日本人の妻には祖国の政治事情など複雑なことは理解しえないだろうと、むしろ金が線引きをしている。妻に対する敬意はあまり感じられず、家庭内の暴力的なやりとりも含め、夫婦の立ち位置はきわめて不均衡なものだ。民族の違いというよりは、男女の立場の強弱や絶対的貧困が二人の関係性をさらに遠ざけている。この男性側の経済力の不足は、失業率が高かった当時の日本社会で、在日コリアンが労働市場から排除されて安定性が高い職に就くことができない構造的な要因に結び付いていて、そのため結婚が破綻している一例かもしれない。何よりこの作品は、在日コリアン側の儒教的な考えに基づく規範なのか、当時の日本の嫁に出たならばその家（の男主人）にとことん尽くすという日本人側の規範なのか、明確な線引きはできないにしても、結婚イコール男性側の事情を優先するという結婚規範を例証する言説を提示している。

一九八四年の国籍法改正（一九八五年施行）までの国籍付与父系主義時代は、多くの在日コリアンと日本人妻との子は非嫡出子として出生することで日本国籍を得ていた。高史明・岡百合子夫妻の自伝作品群[21]は、五〇年代から六〇年代にかけての日本人女性側・在日コリアン男性側双方の視点が示されている貴重な語りである。開業医の娘で大学を卒業した岡[22]と、父親が極貧の移民労働者で学歴もなく少年刑務所入所経験もある高の結婚は、「国際」結婚というインターマリッジであるだけでなく、いまでいう超「格差婚」である。

高・岡夫妻は戦後の共産党運動を通じて知り合う。非合法機関紙の印刷の仕事の手伝いにきた岡と高ははじめ会話もなく黙々と作業をしていたが、昼食の用意も昼食代の金もなく、またそういった事情を言えない高に、岡は持参した弁当を分け与える。高は気恥ずかしさからか「きみはどうして何にでも〝お〟をつけるんだい？」と岡のお嬢さん育ちを揶揄するような発言をし、むきになった岡と会話は逆にはずむようになる。[23]高はお互いの格差に煩悶する。[24]党活動の仕事ではない機会に初めて会った岡に、高は「俺たちは、会わなかったほうが良かったんだ！　違いが大き過ぎるんだよ！」と言う。すると岡は、労働者と学生とでたしかに立場は違うが、同じ党員の同志だと主張する。[25]そこで高は朝鮮人であることをカミングアウトするも、「（略）あなたはどうして朝鮮人・日本人ということにそんなに拘るの？　私は確かに世間知らずです。あなたの言うとおり、何も知らない。でも知りたいと思う。それも許されないの！」[26]と岡は取り合わない。

二人の交際は党からの介入[27]や岡の両親の反対など、いくつものハードルを乗り越える。二人の結婚は岡の両親になんとか認められたものの、党活動のため「非合法」の存在だった高が結婚披露をしたときには新郎新婦ともに偽の日本人名で開催するという緊張感のあるものだった。[28]その後、日本共産党活動から朝鮮人が排除され、紆余曲折ののち小説家を志した夫との生活を教師の岡が支えていく。

夫妻は事実婚を選択する。高には帰化する意思はなく、また岡が日本国籍を捨てれば岡の公立学校での教職が続けられなくなる。「生まれてくる子は、君のほうの籍に入れよう。日本人として育てたほうが万事好都合だと思うよ」と高は言い、「世間との関係はすべて私の名前でやっていた。部屋を借りるのも、借金をして家を建てるのも。日本人であり、公立学校の教師という〝肩書き〟のある私が表に出るほうが何事もスムーズにいくからだ」[29]と岡も振り返る。国籍法改正までの父系国籍主義時代の制約に加え、高・岡夫妻の場合、さらにもう一点、子どもが出生した六二年の時点で日韓関係は正常化しておらず、韓国籍選択によって得られるようになった協定永住資格の導入は六五年以降であり、在日コリアンの法的地位は、三年に一度、在留資格を更新する不安定なものだったことも関係しているだろう。事実上無国籍である朝鮮籍[30]のままであれば、八一年に導入された特例永住資格を待たなければならなかった。複雑化した在日コリアンの複数の永住資格が一本化されたのは、さらに十年後の九一年の特別永住資格が規定されたときである。

出自継承は、日本名しかもたない日本国籍の子に対して、成長に合わせて物心がついてから話して聞かせる方法をとっている。子どもが十歳になったときに高は、「父親である自分の祖国、朝鮮のこと。母親の国、日本のこと。息子を日本人として育てようと二人で決めたこと。朝鮮と日本の、長い長い歴史的つながり、近代の不幸な関係」について「心を込めて話をした」。ところが夫妻は、一九七四年に息子に送ったメッセージでもあった『生きることの意味』[31]を高が上梓してほどなく、一人息子の岡真史少年が高の書を読むこともなく中学一年の十二歳で自ら命を絶つという心打ち砕かれる体験をする。[32]

金一勉と高史明のインターマリッジに関わる語りには、在日コリアン男性による志の追求が一貫しているのに対し、日本人女性は生活全般のサポートを担っていても、愛を貫いた結婚生活の維持への尽力以外、より広範な人生の目的意識はあまり現れない。恋愛結婚という当時の新たな関係性のスタートではあっても、具体的な家事労働分担に限定されないあくまで象徴的なジェンダー役割分担に、男性の志とキャリアが重要性をもつ、今日にも通じる社会規範が表れている。では続いて、少しあとの時代の言説をみていこう。

②改正国籍法前夜・過渡期の言説——在日コリアン二世・三世の結婚をめぐって

一九七〇年代から八〇年代にかけ、世代交代に伴う将来への危機感が、日本人との婚姻がもたらす民族意識や民族的矜持の後退といった在日コリアン知識人による論調に表れている。特に、出自が隠匿されたまま関係性を築き、婚姻にいたる過程で双方の家族が反対、または日本への帰化を要求し、なんとか結婚にいたっても夫婦のトラブルが民族性の違いに結び付けられていずれ破綻するという筋書きが、著作などによってだけでなく、親戚・知人同士の伝え聞きなどによっても共有されていくのである。

評論家の金賛汀と先ほど取り上げた金一勉は、典型的なアンチ同化・インターマリッジについての論考を一九七〇年代後半から八〇年代前半にかけて発表している。金賛汀は在日朝鮮人の日本人との恋愛と結婚について、「日本社会での朝鮮人に対する差別感情、そして朝鮮人側の日本人にたいする不信感情が複雑に交錯して恋愛が失敗することもめずらしくない(33)」と問題提起をする。そして、「朝鮮人同士、日本人同士であれば、お互いの気質のちがいでわかり合えるような事柄が、民族感情や文化の衝突になり、理解しあうよりは対立し、憎み合いさえするほうが多いかもしれないのである。そのとき、お互いが自分たちはそういうものとは縁がないと思いながら、しかも無意識のうちに植えつけられていた差別感や不信感も噴き出すかもしれない[34]」と日本人との結婚の予定調和的とでもいうべき不幸を予言するのである。つまり、単なる性格の不一致でもそれが日本人と在日コリアンとの関係性の場合、帰属集団の差異に転換されてしまい、不均衡な関係性にある集団同士であればあるほど個性と集団ステレオタイプの線引きが難しく、関係性の構築は安定性と継続性に欠けるという指摘である。

金一勉も、金賛汀と同様にアンチ・インターマリッジ言説をジェンダーとの位置交錯性も踏まえながら、日本人の親類による「朝鮮人嫁」いじめから離婚騒ぎになって「泣いて実家へ戻った例が少なくない」だけでなく、「始めこそ相思相愛の夫婦になれたとしても、些細なほころびが波風を呼び、夫婦喧嘩になると「チョウセンジン」を口走るようになる。これが聞き捨てならぬしこりとなって破滅の因になるらしい」と被差別体験への恐怖心をあおる。そのうえで、相思相愛感情が「通用しない場合」があり、親が心配するのも無理がないことだと親の立場に寄り添う[35]。ここでより問題にしているのは、インターマリッジではなく民族差別とジェンダー差別の交錯による二重の抑圧性である。

書き手が在日コリアンであろうと日本人であろうと、一九七〇年代後半から八〇年代の前半にかけての時期は、インターマリッジに関しては差別の告発的な色合いが強いが、在日コリアンについて日本のメディアが報道するとすれば結婚問題は外せない話題なのだろう。日本人の側にとっても結婚は恋愛よりも集団の規範が重複され、在日コリアンと日本人の結婚は、引き続き困難の克服というストーリーをなす。ここで宮田浩人らによるルポルタージュ(36)を取り上げる。七〇年代の在日コリアンの結婚事情を、新聞記者の宮田が代表する取材班は「結婚難」だと観察している。出身一族の始祖の出身地だけではなく朝鮮半島の出身地同士の対立や、縁談を断る口実に伝統的な相性占いを持ち出したりすることもある。そこに南北分断によるイデオロギーの違いも組み合わされれば(37)、大多数は日本の学校に通う在日コリアン同士のただでさえ少ない出会いはもっと困難になる。日本人との恋愛を経た「国際」結婚のほうが現実味はあっても、日本人の親たちには潜在的な朝鮮人への蔑視があり、朝鮮人の親たちにも日本人への反感がある、とルポは続く。七〇年代では、依然として国籍と血統の不一致を両集団とも逸脱とみなすことで集団の境界が堅持されている。

日本の国籍法父母両系主義時代の語り

パラダイム転換は、一九八〇年代前後に在日コリアンの世代交代による定住志向が高まり、地域に密着したさまざまな運動の成果もあった時期に訪れる(38)。大手企業も徐々に在日コリアンの雇用に門戸を開き始めた一方、外国人登録指紋押捺反対運動もピークを迎えた。八五年の国籍法改正施行によって父母両系主義を導入し、外国人との法律婚でも子に母親の日本国籍が付与されるようになった。また八〇年代の日本は「国際化」ブームの時代でもあり、好景気に伴って外国人人口も増加し続けた。韓国も軍事政権独裁反対の市民運動が盛んな時代を経て、八八年にはソウルでオリンピックも開かれ、日本と韓国との人の往来も活発化していくことは、韓国への留学が選択肢としてより身近になり、在日コリアンの出自表象と継承に大きく影響を与えていく。この項では、劇作家つかこうへいと評論家姜信子によるエッセー、そしてフィクションではあるのだが自伝的要素もある金城一紀の小説でのインターマリッジ・恋愛言説を例示していく。出版年は姜の作品以外は八〇年代後半ではないのだが、それぞれの結婚・交際をめぐる時代背景が八〇年代半ば前後のバブル時代に続く好景気時代という共通項で結ぶことができる。

①個性派カップル——結婚は平均的日本人ではない（？）個性的な日本人と

在日コリアンの世代交代に伴う高学歴化と並行し、その社会的地位次第では日本人が出自を忘却しうるという内婚規範の拡大運用がより多く見られるようになるのがこの時期の特徴だろう。在日韓国人の出自で知られた劇作家つかこうへいの『娘に語る祖国』(39)では、日本人女性との再婚には女性の家族の反対を乗り越えたというような語りはなく、生まれた子の国籍択一の、つかにとっての苦渋の決断が語られる。「子育ては女の仕事(40)」と男女の役割分担に保守的な考えを抱くつかは、韓国籍では「将来の選択の幅が狭められてしまう(41)」と一九八五年生まれの子に父系ではなく母系で日本国籍・妻方の日本名の選択をしている。そしてこの決断に関して「パパとママの姓が違いおメカケさんの子どもみたいになってかわいそうに思います(42)」と一家族単姓単国籍規範からの逸脱への危惧を表している。父系主義の韓国国籍法によって子は二重国籍を取得できたはずだが、その選択はとられていない。つかのケースは、日本で生まれ育つ以上、日本人として生きていくほうが将来の就職に際して子どものためになるだろうという制度化された不自由の回避が、インターマリッジの子どもの国籍や名前の選択でいかに決定的な意味を持つかを明示する。

一九八〇年代後半の言説として、評判が高く多くの議論を呼んだ姜信子のエッセー[43]は外せない。姜は東京大学法学部卒業後[44]、人気職種の広告代理店でコピーライターとしてキャリアを積み始めた。そしてその直後にとった産休中に自伝エッセー『ごく普通の在日韓国人』を書き上げ、朝日新聞社第二回ノンフィクション朝日ジャーナル賞を受賞して文筆家デビューを飾った。その後、姜は今日まで精力的に執筆活動を継続している。

日本人のボーイフレンドとの結婚にまつわる経緯から始まる第一章「日本人との結婚」では、大学を卒業したての世代にとって結婚がいかに切羽詰まった案件事項かを切々とつづる。在日コリアンの家庭内で日本人との結婚がタブー視されていることを説明しているのだが、二人は意外とあっさり結婚にこぎつけている。特筆すべきは、つかの語りと同様に、日本人側の異議申し立てがないことである。「ずっと社会に出ていて働いている分、専業主婦より視野は広いかもしれない」という姜の義母は、「会ってみれば、日本人とそう変わらないから安心した。それにね、会う前は心配は心配だったけど、青い目のお嫁さんを連れてくるひとだっていると思えばね。それを考えたら、外見は日本の人と変わらないのだから。そう考え込むこともないと思ってはいた[45]」そうだ。日本人の夫の本籍地の役所に勤めている親戚は親切心から、「結婚して独立した智君の戸籍は、これまでみたいに人に頼まないで、自分で取りに行ったほうがいい[46]」と言う。外国籍の妻が欄外記載なのを見た人が、何か言うかもしれないからだ。

日本人の夫は、姜の引っ越しの手伝いに借り出された友人の後輩で熊本県の出身。出会った日からとにかく話が合い、自然に付き合うようになった。姜は大学時代から日本風の通称名ではなく韓国戸籍の姓を日本語読みにして名乗り、周囲にもカミングアウトしていたため、夫ははじめから姜の国籍を知っていた。「これがあの新聞やテレビがいう在日韓国人の本物かとワクワク」し、生まれた娘が「ハーフ」で、またその子どもが中国人と結婚したらなどと想像して楽しむような「日本人としてはきっと普通ではない父親」ではあるの「だが、日本人として日本人らしく育てると意気ごむ人よりずっといい」(47)と姜は語る。その後、姜は夫のUターン転職について熊本県に移住し、さらには夫の赴任について韓国暮らしも経験しながら、エッセーや評論を出版し続けた。東京で激務の広告代理店勤務を継続していたらさぞかし大変だっただろう家庭での子育てとキャリアの両立のバランスを保った。このインターマリッジをめぐる語りは、夫のキャリアパスを基本的に尊重した選択をするという点で、ジェンダー役割分担に即した結婚生活継続の規範に実はよく適合している。

著者紹介ではカタカナ表記「コリアン・ジャパニーズ」としている金城一紀の第百二十三回直木賞受賞作『GO』(48)は、困難を乗り越える恋愛というプロットを男性の視点から語る恋愛小説に、在日コリアンに関わる国籍、イデオロギーや差別の問題を娯楽性を失わない範囲内で知的にからめている。フィクションなりにも、朝鮮学校出身の金城の実体験をベースに時代の空気が構築された分、リアリティがある作品だ。主人公がまだ高校生なので、民族的出自が異なる男女の結婚ではなく、あくまで恋愛の話だ。金日成親子崇拝教育がいちばん強かった時代の朝鮮学校から日本の三流高校に入学した在日コリアン男子高校生「杉原」は、けんかがめっぽう強いが知識欲旺盛で日々トレーニングも怠らない高校生離れしたディシプリンの持ち主である。しぶしぶ出かけた友人のダンスパーティーで美形の日本人女子高校生「桜井」に一目ぼれして交際することになる。桜井は高級住宅地に住む大手商社マン令嬢で、無頼派在日コリアン男性と、お嬢さま日本人との組み合わせはこれまで紹介してきた言説にもあり、「身分違い」の恋の王道をいく。二人とも周囲の高校生とは一線を画した関心・テイストを追求しながら交際を続けるが、初めて一緒に外泊しようという夜にいざカミングアウトをしたところ、その事実を受け入れることができずに別れた桜井が、数カ月後のクリスマスイブに連絡してきて二人は再会、結末は一応ハッピーエンドになっている。

国籍へのこだわりも意味がないものとして折り合いをつけ、達観して何も恐れるものがない杉原でも、真剣に好きになった日本人の女の子に出自がもとで嫌われるのではないかと恐れた。出自のカミングアウトをするタイミングがなかなかつかめない。朝鮮学校時代の親友の告別式の日に沈みがちな杉原を励ましたい桜井と行った帝国ホテルのベッドで、杉原は国籍の話を切り出す。桜井はそれに対し「子供のころからずっとお父さんに、韓国とか中国の男とつきあっちゃダメだって言われてたの……」「……お父さんは、韓国とか中国の人は血が汚いんだ、って言ってた」[49]という。クリスマスイブの和解も含め、小説にはバブル経済ただなかの恋愛事情の意匠がちりばめられているのだが、桜井の海外経験も豊富な父親のあまりに露骨な偏見は驚くほど懐古的な優生学的人種主義でインパクトが強い。観念や理屈ではなく、桜井は、結局、欲望に正直に従うことで「もう杉原が何人《なにじん》だってかまわないよ。時々、飛んでくれて、睨みつけてくれたら、日本語が喋れなくたってかまわないよ。だって杉原みたいに飛んだり、にらみつけたりできる人、どこにもいないもん」[50]と杉原の出自を受け入れる。いや、受け入れているかはわからない。ホテルでの一件の後、桜井は読書に励んで杉原の「在日韓国人」バックグラウンドを理解しようとは試みたそうだが、桜井の長時間の独白のポイントは、要するに杉原のマッチョな超身体性の性的魅力だったのだから。

一九八〇年代の在日コリアンと日本人の関係をめぐる言説には、二つの特徴を読み取ることができる。まず、姜信子自身も金城が描く杉原も、ジェンダー役割に即したキャリアや人格形成に励み、ディシプリンがあって努力も絶やさず周囲の人々を魅了する人物像で、国籍にまつわる経験に多少負荷がかかるものの、その一点さえ除けば結局は日本社会に受容されやすい条件を多々有している。つまり、上位にある社会規範への適応性が高く、出自を異にする婚姻や恋愛でありながらも、また別の基準ではきわめて内婚的同質性が高い関係を築く傾向にそれがつながっている。次に、日本人のパートナーもごく平均的な日本人フレームではなく、多少エキセントリックなところがある人物像として語られ、在日コリアンの側も典型的な日本人のイメージから外れる人物像や世界観というところに親近感を抱いている。日本人、と一言でくくれない日本人カテゴリーの重層的多様性も在日コリアンとの関係に表出してくるのである。

②在日コリアン永住資格安定化前夜の語り——地域運動の蓄積が支える選択

一九八〇年代から九〇年代にかけての時期は好景気でもあり在日コリアンの職業的機会も拡大していた。そのため、特に在日コリアンの側が職業的に安定しているケースであれば、家族の反対の説得にそれほど困難を伴わなかったという証言もある一方で、根強い民族差別に基づき、複数の裁判にまでいたってしまったケースもある。継続的に地域活動に携わる韓国籍でありながらも教職に就くことができた在日二世の李洪俊は、親は不安定な肉体労働者であり、在日コリアン集住地域で生まれ育った[51]。そして八四年に、同じように教師である「典型的な」サラリーマンの娘で「中流意識」をもつ日本人女性と結婚した。李は自身の結婚について「在日二世・三世の結婚相手は八割近くが日本人との国際（?）結婚であると聞いていますが、多くは最初のうち、両方から強く反対されるようです。私たちも同様でした。しかし、相手の親は本人の希望を尊重してやりたい気持ちと私が教師であることもあって、最後は気持ちよく賛成してくれました[52]」と説明する。婚姻の届は出しても夫婦別姓で通し、二重国籍の子どもたちは李姓を名乗り学校生活を送っている。その理由を「つまり子どもが将来にわたって強く生きていくためには韓日のハーフ（混血）であっても最初から差別される側の韓国人と認識しながら育ったほうがよい、また子どもの友だち関係でも自分のことを明らかにして付き合うほうが隠し立てしなくて良い、経験上から二つの名前は精神的に決して良くない、と[53]」している。地域的な取り組みとして、七〇年代以降の本名を呼び名乗る実践や獲得した民族性を持つ二・三世が出自を隠さない生き方を選択肢としてもつことの現実味が増していて、在日コリアンの地域運動の蓄積と成熟をあらためて感じさせる。

その一方で、一九八〇年代後半に知り合って結婚した在日コリアン男性と日本人女性の場合、結婚と子育ての選択にあたり、熾烈な民族差別に遭遇して数件の裁判が同時進行する複雑な事態にまでいたったケースを裁判支援者である李修二が報告している[54]。在日朝鮮人として出自に向き合いながら子どもを育てたいという父親としての教育方針と願いは、朝鮮人に偏見をもつ日本人母親方の、子どもをもっぱら日本人として育てたいとする方針と相いれるはずはなく、いくつもの裁判係争を抱える複雑化・長期化したものになった。この事例とそれを記録した李修二の言説は、日本人（血統）同士の結婚を望ましいとする内婚規範だけでなく、その規範の地域差もうかがわせる。二人が出会った地方都市は比較的、保守的な土地柄だったという。

一九九〇年代以降は、在日コリアンにとって日本人との結婚がさらに一般的になり、血統のイデオロギー的な呪縛もいくばくか薄れてきている。九八年に「在日同胞の生活を考える会（仮称）」が東京で主催したシンポジウムは、日本国籍者の急増と同胞結婚の激減がサブテーマになっていた。結婚を「問題」として想定するパネルに対し、日本人との婚姻はもはや事実であり、よしあしを議論している段階ではないのでは、というコメントや、日本人と結婚してうまくいっているケースの話ももっと聞きたい、という会場からの指摘があるなかで、お互いがお互いのバックグラウンドを尊重できるか否かや、日本にいる以上、どうしても日本の影響が強くなる分それを補う努力が必要だという議論がなされた。そこである男性が、自分自身は日本人と結婚していて、その反省から息子に同胞との結婚を強く望み、日本人女性との結婚を認めずに見合い結婚をさせたが、結局は破談にさせた日本人女性のほうが在日コリアンの活動に熱心に関心をもってくれていて後悔している、という話を披露している。[55] 在日コリアンに関するリテラシーは結局、血統による先天的なものではなく後天的に獲得していかなければならないものということだ。その一方、民族内結婚のためには若い世代同士が自然に出会える自主的な「夢がある」民族団体活動を盛り上げる必要があるなどと、内婚規範に即した議論も同時に展開されていた。[56] 多様な考え方が共有されながらも、世代とジェンダーによる違いもこのシンポジウムで交換される語りに浮き彫りになっていたといえるだろう。

韓国国籍法父母両系主義導入以降の語り

ジェンダー社会学者の瀬地山角と在日韓国人のパートナーの子どもの国籍に関する経緯を記したエッセーを、ここでみていこう。韓国国籍法の一九九七年改正（一九九八年施行）によって、韓国国籍法が父母両系主義になったことで、在日コリアンで韓国籍をもつ女性と外国籍の男性との婚姻でも韓国籍が付与されることになった。[57] アメリカ在外研究中に寄稿した「中央公論」誌上のエッセーで瀬地山は、在日韓国人パートナーとの間に生まれた子の韓国国籍法改正以降の国籍取得の多様性にふれている。[58] 夫は気鋭の大学教員、妻は一年の育児休業が認められている大手企業勤務のパワーカップルが試みる実践は、二重どころか三重国籍取得である。血統主義によって日本国籍と韓国籍、そして出生地主義によってアメリカ市民権が得られるからだ。つまり、生まれた子どもには国籍の数だけの法律名がある。瀬地山姓、妻の韓国の姓、夫妻のラストネームをミドルネームとしてつけられるアメリカの姓である。名はすべて共通で、日本の名前もあえて韓国語読みの名前にし、「彼女の母親がそうであるように、日本社会のマイノリティとして、そのことから逃げずに生きてほしい」[59]と語る。そして、親としてこの選択にどのような願いを込めているか、生まれた子へのメッセージで瀬地山は締めくくる。

〔名前を韓国語読みにすることに関して：引用者注〕きっとそうすることで日本社会の中で在日が抱える問題にずっと敏感になれるから。そしてそのことを社会の矛盾としてきちんと捉えてほしいから。あなたに三つの国籍を与えたのは、国籍という近代の制度の滑稽さを自分の生き方の中で実感してほしいから。そして国境などという狭い枠から、少しでも自由に生きてほしいから。(60)

瀬地山の実践が興味深いのは、お互いに多忙を極めるキャリアの折り合いをつけながら、出自表象でもフィフティ・フィフティの結婚・子育てを試みている点だろう。男性である夫の氏や国籍、(61)そして文化的背景は、ごく一部でありすべてではないのである。ジェンダー規範を批判的に分析する知の最先端にいるパワーカップルの実践は、社会資本・文化資本を欠く「普通の人々」がどこまで実践可能なのかは未知数だが、ジェンダーと民族的マイノリティ性のパラドックスとでもいうべき、インターマリッジだからこそ可能な両集団の社会規範に同時に挑戦する結婚実践だといえるだろう。他方で、日本人同士の夫婦（または韓国人同士の夫婦）にはこのような多様な姓名の選択肢は皆無である。二十一世紀でも日本の戸籍制度は夫婦同一姓をフォーマルな規定としていて、そこから逃れるには事実婚選択しかないし、アメリカなどでの姓名の届け出のように、夫妻の名前をハイフンでつなげた新しい姓を創出するにも、あくまで通称名でだけ可能である。(62)

本節は、多様な文献・ケースから在日コリアンと日本人との婚姻規範の変遷をたどる試み(63)だが、この半世紀のインターマリッジをめぐる言説を通して、変化したものとしていないものを抽出することができるだろう。子の国籍・姓名の選択に関して、一九八〇年代、九〇年代に蓄積された語りからは、父母いずれの日本国籍も子に付与されることがより積極的に見られる。在日コリアンの出自をたとえ在日コリアンが母方であっても表象・継承していこうとする例が、各地の特に多文化ポケットとも呼ぶべき地域実践の蓄積を追い風に散見できることは注目に値する。(64)

また、時代区分にかかわらず、かなりコンスタントに読み取ることができる一貫した規範も抽出できる。夫が志す道を支える妻というストーリーは繰り返され、特に男性の社会地位の達成は日本人との結婚にあたっての出自の社会的コストを軽減する。男性の場合は結婚・子育てによるキャリアプランの変更は珍しいが、女性の場合は結婚・子育てのプライオリティが高いという点など、民族の違いを乗り越えるというよりも、男性優位の人生計画に基づく恋愛・結婚という現実が、民族を超えた愛を可能にしている。ジェンダーによる役割分担と階層移動の力学が共有されているのである。困難を克服する真実の愛の語りをひもといていくと、結婚・家族のあり方に関する上位規範が浮かび上がる。お互いに好きだという以前に、社会規範での優先順位が高いものに迎合するように内婚規範の基準が同一民族集団内から社会階層的同類性に代替され、在日コリアンの歴史的経緯に基づく日本人との立場の違いも忘却されうるのだ。

インターマリッジ後、子に対する出自継承と子世代の出自表象で、あえて忘却しないようにするには、知識の蓄積や情報収集、コミュニティにおけるネットワーク作りなど、多大かつ継続的な努力が必要である。そのため、日々の生活に追われるなか、すべての夫婦が、居住地域にかかわらず、人的資本・経済資本・社会関係資本にかかわらず、実践可能であるとはいえない。

本章のむすびにかえて、次節ではインターマリッジ言説変容にみる婚姻規範の変化をまとめたうえで、周縁的な婚姻実践であるインターマリッジを通して浮き彫りになる日本人マジョリティが抱える問題について考えたい。

3　インターマリッジからみえる日本の結婚観——むすびにかえて

日本の生涯未婚率は上昇し続け[65]、結婚して子どもがいる家庭を築くことは人生設計の定番であるとはかぎらない。結婚制度そのものの規範性が揺らぐ[66]一方で、本章では、異なる民族的出自の者同士の結婚を通した家族関係の形成をめぐる言説を一例として、内婚規範がどのように変化してきたのかをたどってきた。在日コリアンと日本人の結婚を通してみる半世紀は、国籍や出自の壁を乗り越えて愛を実らせた、個人が社会的帰属によって規定された関係性を超克したハッピーエンドの物語でも、パートナーに巡り合って結婚したことで、社会的に許容・推奨されるライフ・コースの軌道に乗ることができた成功者たちの物語でもない。内婚規範そのものは社会のジェンダーや集団同士の関係性の変化を反映しつつも拡大運用されながら継続し、家族制度の再生産を請け負っている。

前節でもみたように、インターマリッジ言説の変遷を通してこの半世紀の婚姻規範を抽出することによって、結婚・家族のあり方に関して、民族的内婚規範を超越する上位規範が浮かび上がってきた。夫妻のどちらが在日コリアンであるかにかかわらず、社会階層上昇移動を前提としながら、夫が志す道を優先的に支える妻、夫のキャリアパスを尊重したキャリア設計をする妻というジェンダーによる役割分担が時代を超えて広く共有されていた。日本人配偶者と国籍や民族を超えた愛を貫く在日コリアンは男女問わず、出自に向き合い、自律性に富み、努力も絶やさず、出自を除けば日本社会の広義の価値観や規範に適合しやすい条件を有したうえで、さらにジェンダー役割に即したキャリア形成・生活設計も果たす。こうして上位の社会規範に包摂されながら、在日コリアンの歴史的経緯に基づく日本人との人種化された立場の違いという差異は忘却され、内婚規範が特定の国民国家帰属の境界や出自ではなく、社会階層的近似性を基準としたより一般的な規範に収斂されていく。また、一家族単姓単国籍規範への対抗も含む、出自の忘却をあえて拒もうとする姿勢には、相応の社会関係的資本と人的資本（さらには経済資本）の蓄積が必要であることも読み取れる。

インターマリッジ自体は近代家族制度の延長としての結婚のあり方全体を覆すものではなく、日々の実践はより一般的な社会規範の再生産の場になる。生涯未婚率が上昇している現在、結婚に一社会人としての自立や信頼性などの評価を加える社会規範が持続するならば、出自は集団による結婚承認という制裁の対象ではなくなっていく可能性もある。ただしそうであっても、出自ではなく就業形態や教育水準などのほかの変数に代替されていくにすぎないだろう。

マイノリティがどこまで異なる背景を主張しながら圧倒的多数集団との婚姻を維持しているかを分析すると、日常生活のなかで再生産される価値規範の交渉過程に、民族的マイノリティとマジョリティのインターマリッジがもつ不自由さと逆説的な自由さが垣間見えてくるのである。家族単位の国民管理に対抗すべく法律婚を選択しないインターマリッジ家族は、一家族単姓単国籍の前提を覆す。それだけではなく、事実婚でも法律婚でも「国際」結婚だからこそ夫婦別姓が公的書類上も実現し、夫婦別姓が通称名でだけおこなわれている日本国籍者同士の婚姻よりも姓や国籍の選択肢が多いことになる。一九八〇年代以前の戸籍制度上の制約による子の日本国籍のために日本人女性が在日コリアン男性と事実婚をしていた「国際」結婚時代から、その実態はかなり変容した。二十一世紀の日本で、日本国籍者同士の婚姻が日本国内での最も自由な婚姻形態とはかぎらないという見方もありうる。

マイノリティが生きやすい社会はマジョリティにも生きやすい社会である、というのは一九八〇年代の「共に生きる」地域ベースの多文化主義実践のキャッチフレーズだった。異質性が忘却されないために多大な努力を要する社会は、どのような将来像を描くのか。在日コリアンと日本人との結婚にみる半世紀は、近代家族制度に基づく結婚制度自体の限界、既存のジェンダー規範や戸籍制度による家族単位の国民管理システムを照射する、日本人マジョリティ全体にとっての制度化された家族関係の制約の映し鏡でもあるのだ。

注

（1）内閣府「平成26年度「結婚・家族形成に関する意識調査」報告書（全体版）」。調査の概要は全国の二十歳から三十九歳までの男女を層化二段無作為抽出法により抽出し、三七・八％（二千六百四十三人）の有効回収率を得た（http://www8.cao.go.jp/shoushi/shoushika/research/h26/zentai-pdf/pdf/2-2-1.pdf）［二〇一八年五月一日アクセス］。未婚者の結婚観については「結婚観」（[http://www8.cao.go.jp/shoushi/shoushika/research/h26/zentai-pdf/pdf/2-2-2-2.pdf]［二〇一八年五月一日アクセス］）

を参照。

（2）齋藤直子『結婚差別の社会学』勁草書房、二〇一七年

（3）社会学の古典的なアプローチとして、エミール・デュルケームは標準からの逸脱行為の観察によって集団の境界や規範が明示されると論じている（Emile Durkheim, *The Rules of Sociological Method*, Free Press, 1964.）。

（4）「夫妻の国籍別にみた年次別婚姻件数」、厚生労働省政策統括官『平成28年 人口動態統計』上、厚生労働統計協会、二〇一八年、五二六—五四七ページ、表9—18。表は「婚姻」数であるため、日本人同士の結婚を二倍にして計算し直す。ただ、帰化した在日コリアンは「日本人」の統計に含まれ、インターマリッジの指標としてはあくまで目安である。

（5）竹下修子『国際結婚の社会学』学文社、二〇〇〇年、一七二—一七三ページ。ただし、この壬申戸籍編纂での族称記載による身分因習差別は、統治に好都合として温存されることになった。遠藤正敬『戸籍と国籍の近現代史——民族・血統・日本人』明石書店、二〇一三年、一一三ページ

（6）藤野豊「部落問題における婚姻忌避」「現代思想」一九九九年二月号、青土社、八四—九五ページ、Jennifer Robertson, “Biopower: Blood, Kinship, and Eugenic Marriage,” in Jennifer Robertson ed., *A companion to the Anthropology of Japan*, Blackwell Publishing, 2005, pp.329-354. ジェニファー・ロバートソンは、「優生学的同類婚」がすなわち「国民内同類婚」として家族国家創造の根幹を支えるとしている。Ibid., pp. 343-344.

（7）前掲『国際結婚の社会学』一七四—一七五ページ

（8）Cullen T. Hayashida, “The Kōshinjo and Tanteisha: Institutionalized Ascription as a Response to Modernization and Stress in Japan” *Journal of Asian and African Studies*, 10, 1975, pp.198-208.

（9）前掲「部落問題における婚姻忌避」

（10）Charlie V. Morgan, "A Case Study of Buraku and Non-Buraku Couples in Japan," *Journal of Comparative Family Studies*, 38(1), 2007, pp.31-54、前掲『戸籍と国籍の近現代史』三〇五ページ

（11）二宮周平「近代戸籍制度の確立と家族の統制」、比較家族史学会監修、利谷信義／鎌田浩／平松紘編『戸籍と身分登録』所収、早稲田大学出版部、一九九六年、一四六―一六四ページ。特に一四八―一四九、一五六―一五七ページ。

（12）我妻洋／米山俊直『偏見の構造――日本人の人種観』（ＮＨＫブックス）、日本放送出版協会、一九六七年、一二九―一三四ページ

（13）個人を分析単位に置き換えるため韓国・朝鮮籍同士の婚姻件数を倍にし、個人にとってのパートナー国籍比率を求める。厚生労働省「人口動態統計」「人口動態特殊報告」当該年版から算出。結婚に関する統計は、結婚にいたらなかった場合や事実婚は数字に表れることはないことを考慮に入れても、通時的変化を追うことはできる。

（14）佐々木てる「シンポジウム報告「民族的差異」は恋愛・結婚を阻むのか――在日若者世代の恋愛・結婚を考える」、家族問題研究学会編「家族研究年報」第四十一巻、家族問題研究学会、二〇一六年、二一―三四ページ、特に三二ページ。佐々木は複数の要因が代替するかたちで「民族的差異」がみえにくくなっていると指摘している。紙幅の関係で先行研究を紹介できないが、在日コリアンと日本人の結婚に関しては、主なものに、竹ノ下弘久「インターマリッジ家族のなかのエスニシティ――在日韓国・朝鮮人をめぐるエスニシティ表象のポリティックス」（家族問題研究学会編「家族研究年報」第二十五巻、家族問題研究学会、二〇〇〇年、二九―四二ページ）、川端浩平「〈ダブル〉がイシュー化する境界域――異なるルーツが交錯する在日コリアンの語りから」（岩渕功一編著『〈ハーフ〉とは

誰か——人種混淆・メディア表象・交渉実践』所収、青弓社、二〇一四年、二二二—二四二ページ）、康陽球「民族認識の変容における親密圏の役割——在日朝鮮人家族のなかの日本人妻たち」（日本文化人類学会編「文化人類学」第八十一巻第四号、日本文化人類学会、二〇一七年、五八六—六〇三ページ）、橋本みゆき『在日韓国・朝鮮人の親密圏——配偶者選択のストーリーから読む〈民族〉の現在』（社会評論社、二〇一〇年）、大東貢生「配偶者選択に見る民族関係——ジェンダーの視点」（谷富夫編著『民族関係における結合と分離——社会的メカニズムを解明する』所収、〔Minerva 社会学叢書〕、ミネルヴァ書房、二〇〇二年、五九六—六一九ページ）などがある。

(15) 金英達「補章 解説と統計の補足」、森田芳夫、金英達編『数字が語る在日韓国・朝鮮人の歴史』所収、明石書店、一九九六年、一四九—一八三ページ。一九七四年（在留外国人統計に出生地別統計を発表していた最後の年）の時点ですでに七六%が日本生まれとなっていた（同論考一八三ページ）。韓国・朝鮮籍の特別永住者は毎年帰化や死亡によって減少し続けていて、二〇一六年の時点では約三十三万人（三十三万五百三十七人）である（法務省「在留外国人統計平成28年度12月」（http://www.e-stat.go.jp/SG1/estat/List.do?lid=000001196143.）〔二〇一七年八月三十一日アクセス〕。一九五二年から二〇一六年までの韓国（ニューカマーも含む）・朝鮮籍者からの帰化許可者数の累計は三十六万五千五百三十人である（法務省「帰化許可・申請者数・帰化許可者数および帰化不許可者数の推移」（http://www.moj.go.jp/content/001180510.pdf.）〔二〇一七年十一月一日アクセス〕。在日コリアンの多様性に関してはほかに福岡安則『在日韓国・朝鮮人——若い世代のアイデンティティ』（〔中公新書〕、中央公論社、一九九三年）、李洪章「「新しい在日朝鮮人運動」をめぐる対話形成の課題と可能性——「パラムの会」を事例として」（ソシオロジ編集委員会編「ソシオロジ」第五十四巻第一号、社会学研究会、二〇〇九年）、John Lie, *Zainichi* (*Koreans in Japan*): *Diasporic Nationalism and*

Postcolonial Identity, University of California Press, 2008、金泰泳『アイデンティティ・ポリティクスを超えて――在日朝鮮人のエスニシティ』(〔Sekaishiso seminar〕、世界思想社、一九九九年)、佐々木てる『日本の国籍制度とコリア系日本人』(〔明石ライブラリー〕、明石書店、二〇〇六年) など。

(16) 樋口直人『日本型排外主義――在特会・外国人参政権・東アジア地政学』名古屋大学出版会、二〇一四年、五七―五九ページ、Myungsoo Kim, "Ethnic Stratification and Inter-Generational Differences in Japan: A Comparative Study of Korean and Japanese Status Attainment" *International Journal of Japanese Sociology*, 12, 2003, pp.6-16.(特に p. 15.)

(17) 複数の在日コリアンの一世・二世の聞き取りが各地で蓄積されている。入手しやすいものとして小熊英二/姜尚中編『在日一世の記憶』(〔集英社新書〕、集英社、二〇〇八年)、小熊英二/高賛侑/高秀美編『在日二世の記憶』(〔集英社新書〕、集英社、二〇一六年) など。自叙伝も自費出版を含むと膨大な量が刊行されている。

(18) 前掲「部落問題における婚姻忌避」九五ページ

(19) 金一勉『日本人妻と生きる――在日朝鮮人の生活記録』三一書房、一九七九年

(20) 同書六一―六四ページ

(21) 岡百合子『白い道をゆく旅――私の戦後史』人文書院、一九九三年、高史明『生きることの意味――激流をゆく』(ちくま文庫、「青春篇」第二巻)、筑摩書房、一九九七年、同『生きることの意味――悲の海へ』(ちくま文庫、「青春篇」第三巻)、筑摩書房、一九九七年

(22) 当時の女子の四年制大学進学率はわずか二・四% (一九五四年) であるために、岡の出身家庭のきわめて例外的な経済資本や文化資本が表れている。総務省統計局 (www.stat.go.jp/data/chouki/zuhyou/25-12.xls) [二〇一八年三月一日アクセス]

(23) 前掲『生きることの意味――激流をゆく』二一一―二一三ページ
(24) 同書二二〇ページ
(25) 同書二二一―二二二ページ
(26) 同書二二六、二二九ページ
(27) 前掲『生きることの意味――悲の海へ』八、一七三ページ
(28) 前掲『白い道をゆく旅』一二九―一三〇ページ
(29) 同書一八四ページ
(30) 日本と国交が正常化していない朝鮮民主主義人民共和国国籍と同一ではない。高は朝鮮半島出身という意味で朝鮮籍を貫いている。中村一成『ルポ思想としての朝鮮籍』岩波書店、二〇一七年
(31) 高史明、水野二郎・絵『生きることの意味――ある少年のおいたち』(ちくま少年図書館)、筑摩書房、一九七四年
(32) 前掲『白い道をゆく旅』一九二―一九四ページ。夫妻が編んだ岡真史遺稿詩集の『ぼくは12歳――岡真史詩集』(筑摩書房、一九七六年)は大変な反響を呼んだ。きわめて感受性の鋭い作品を残していて、この自死を在日コリアンのルーツの葛藤と結び付ける(たとえば John Lie, *op.cit.*)ことには無理があるだろう。
(33) 金賛汀『故国からの距離――在日朝鮮人の〈日本人〉化』田畑書店、一九八三年、一一二―一一三ページ
(34) 同書一三七ページ
(35) 金一勉『朝鮮人がなぜ「日本名」を名のるのか――民族意識と差別』三一書房、一九七八年、一九三―一九四ページ

(36) 宮田浩人編著『65万人――在日朝鮮人』(すずさわ叢書)、すずさわ書店、一九七七年、前川恵司『韓国・朝鮮人――「在日」の生活の中で』(講談社文庫)、講談社、一九八七年。前川が取り上げた事例では反対を乗り越えて日本人と結婚した在日コリアン青年が娘の誕生を機に娘の将来を考え帰化して、一九七〇年代から八〇年代にかけての国籍の制度的制約の影響の強さを証左している。
(37) 前掲『在日韓国・朝鮮人』九九―一〇〇ページ
(38) 同書、John Lie, *op.cit.*
(39) つかこうへい『娘に語る祖国』(カッパ・ホームス)、光文社、一九九〇年
(40) 同書一五ページ
(41) 同書四〇ページ
(42) 同書四二ページ
(43) 姜信子『ごく普通の在日韓国人』朝日新聞社、一九八七年
(44) 東大法学部卒の一体どこが「ごく普通」なのかという素朴な疑問はよく指摘されるところである。
(45) 前掲『ごく普通の在日韓国人』三六、三八ページ
(46) 同書四一―四二ページ
(47) 同書二一二ページ
(48) 金城一紀『GO』講談社、二〇〇〇年
(49) 同書一七八―一七九ページ
(50) 同書二三九ページ
(51) 李洪俊「在日二世の新しい家族づくり」、「在日朝鮮人――揺れる家族模様」、ほるもん文化編集委員会編「ほるもん文化」第四号、新幹社、一九九三年。ほかに地域活動の成熟による多彩な出自表象

実践に関しては「フォトスペース風（パラムの会）」（山中修司／大島隆行／谷寛彦／金正坤『ダブルの新風――在日コリアンと日本人の結婚家族』所収、新幹社、一九九八年）を参照。ただし、取材拒否家族と取材に協力した家族のインターマリッジをめぐる表象の差は大きい。

(52) 前掲「在日二世の新しい家族づくり」二二二ページ

(53) 同論文二二五ページ

(54) 李修二「結婚と子育てにおける民族差別と在日の親の新たな義務」、前掲「ほるもん文化」第四号

(55)「在日同胞シンポジウム'98『在日』として生きることの意味を考える――日本国籍者の急増と同胞結婚の激減について」「ウリ生活」第十四号、在日同胞の生活を考える会、一九九九年、二一一四五ページ。特に六六―六八ページ。筆者自身もこのシンポジウムに参加したが、参加者は関係者とその家族や知り合い、在日コリアン運動家、研究者、ジャーナリストが大半を占めていて、一般の参加はあまり多くない印象を受けている。

(56) 同記事。特に八三―八四ページ。

(57) 奥田安弘／岡克彦『在日のための韓国国籍法入門』明石書店、一九九九年、二六ページ

(58) 瀬地山角「アメリカ立ち会い出産奮闘記」「中央公論」二〇〇一年一月号、中央公論社。この資料は韓東賢氏のご教示による。

(59) 同論文二八九ページ

(60) 前掲「アメリカ立ち会い出産奮闘記」二九三ページ

(61) ただし、アメリカなどでは一般的には圧倒的に父親方の単姓選択が多い。

(62) 二十一世紀初頭に発表された瀬地山夫妻の実践で本章の分析を区切るのは紙幅の問題だけではなく、近年、在日コリアンと日本人の恋愛や結婚を主要なテーマに取り上げたエッセーや自伝で特筆すべき

言説に出合っていないという事情がある。

(63) 二〇〇〇年代に機関紙に寄せたエッセーをまとめた金敬得編『わが家の民族教育――在日コリアンの親の思い』（新幹社、二〇〇六年）では、パートナーが日本人である在日コリアン男性だけでなく、在日コリアン女性（複数）によるコリアン名をあえて選択している数人の実践を紹介している。国籍いかんにかかわらず、名前による出自表象を常時するかしないかが一つの選択の柱となっている。ただし、在日コリアンの約八割が日本式通称名を使うことが多いと回答していることから（福岡安則／金明秀『在日韓国人青年の生活と意識』東京大学出版会、一九九七年、二〇〇ページ）、日本人と婚姻した在日コリアンのコリアン名使用率はきわめて低く見積もることが妥当だろう。

(64) 前掲『わが家の民族教育』にも事例がある。

(65) 二〇一五年の三十五歳から三十九歳の未婚率は男性三五%、女性二三・九%、五十歳では男性二三・四%、女性一四・一%となっている。内閣府「第1章 少子化をめぐる現状（2）」「平成29年版少子化社会対策白書」(http://www8.cao.go.jp/shoushi/shoushika/whitepaper/measures/w-2017/29webhonpen/html/b1_s1-1-2.html)［二〇一八年五月一日アクセス］

(66) 「皆婚社会」の歴史的特殊性については黒須里美編著『歴史人口学からみた結婚・離婚・再婚』（麗澤大学出版会、二〇一二年）を参照。「結婚からの退却」と呼ばれる先進諸国での婚姻率の減少は、日本の場合はジェンダー役割規範と労働環境変化の課題で、教育水準が低い男性と教育水準が高い女性に見られる傾向がある。Gary R. Lee, and Krista K. Payne, "Changing Marriage Patterns Since 1070: What's Going On, and Why?" *Journal of Comparative Family Studies*, 41(4), 2010. pp. 537-555. 特に p. 549.

［付記］このプロジェクトは、早川タダノリさんとアジア太平洋資料センターＰＡＲＣ自由学校受講生のみなさんのご尽力なくしてはありえず、厚くお礼を申し上げたい。

第7章　憲法二十四条改悪と「家族」のゆくえ

角田由紀子

はじめに

二〇一八年三月二十五日までに自民党が憲法第九条など憲法改正草案を条文化したものを提案すると報じられていた。党内の議論を集約し、本格的議論の加速化を目指しているらしい。二〇一七年五月三日付「読売新聞」が掲載した安倍晋三「自民党総裁」による改憲提案では四項目が示された。そのなかには、憲法二十四条は含まれていない（以下、憲法の条文は数字だけで表す）。しかし、それは、二十四条が改憲対象ではないことを意味しない。九条改憲は入り口であり、改憲派が目指すものは、おそらくすべての条文の「改憲」だろう。仮に彼らがいうように九条が変えられるということは、戦争を放棄して平和的生存権が保障され、個人が尊重されることを軸にしたこの国のかたちがすっかり変わることを意味する。そのためにも二十四条を変えることは重要な柱だろう。現行の二十四条は、そのような国にはまったく合わないからだ。安倍首相らの得意技は、法律を変えて憲法の中身を掘り崩し、気がついたときには実質的に憲法改悪が実現していたというものだ。二十四条はそのようなものとしてねらわれている。安保法制法（戦争法）によって集団的自衛権を世界の果てまで行使できるようになったというのに、多くの人は二十四条と戦争法との関係には、ほとんど関心をもっていないのではないだろうかと心配になる。そもそも、二十四条の中身は実はあまり知られていないようでもある。

以下、①二十四条がもつ意味、②自民党改正草案・二十四条の検討、③夫婦別姓に関する二〇一五年十二月十六日の最高裁大法廷判決、④二十四条改正の目的、について述べる。

1　二十四条がもつ意味

成立経過

原案の起草者は、当時二十二歳のアメリカ人ベアテ・シロタ・ゴードンさんだ。ベアテさんが二十四条を起草した背景には、彼女の東京での十年間の体験があった。

キエフ出身のユダヤ人のピアニストである父レオ・シロタ氏はウィーンで山田耕筰に出会い、現在の東京芸術大学で教えるために東京に家族とともにやってきた。ベアテさんは子ども時代（五歳から十五歳まで）を東京で過ごした。彼女は大学生活をアメリカで送っていたが、一九四五年十二月にＧＨＱ（連合国軍総司令部）の民政局で働くために、アメリカから日本に戻って両親と再会した。ベアテさんは、子ども時代を過ごした東京生活で日本の女性（とりわけ既婚女性）が個人としての権利を否定された「家」の奴隷のような境遇であることを知っていた。

ベアテさんに、日本の女性たちや子どもたちの困難な生活を教えた一人は、小柴美代さん（二代目の住み込みのお手伝いさん）という沼津・江の浦の網元の娘さんだった。梅原龍三郎画伯の紹介とのこと。梅原画伯は江の浦で絵を描いていて、地元の人と親交があり、東京ではベアテさんの家の近所に住んでいた。

一九四六年二月一日、「毎日新聞」が松本憲法改正草案をスクープしたが、それは明治憲法と違わないものだったので、二月四日、民政局は松本案を拒否して、自ら草案の起草を、となった。

ベアテさんはこのとき起草グループに入り、女性と子どもの権利に関する部分を担当した。憲法草案起草の仕事にあたってベアテさんは少女時代に美代さんを通じたり東京生活で見聞きしたりして知った日本の女性や子どもの状況を何とかしたいという思いを、二十四条のもとになった草案に盛り込んだ。

一九四六年二月四日から十二日までの九日間は、私の生涯の中で最も密度の濃い時間だったかもしれない(1)。

ベアテさんは東京中の図書館を駆け巡り、女性の権利、家族に関する憲法を集めた。参考にしたものは、ワイマール憲法が中心だった。

私は、各国の憲法を読みながら、日本の女性が幸せになるには、何が一番大事かを考えた。それは、昨日からずっと考えていた疑問だった。赤ん坊を背負った女性、男性の後ろをうつむき加減に歩く女性、親の決めた相手と渋々お見合いをさせられる娘さんの姿が、浮かんでは消えた。子どもが生まれないというだけで離婚される日本女性。家庭の中では夫の財布を握っているけれど、法律的には、財産権もない日本女性。「女子供」とまとめて呼ばれ、子どもと成人男子との中間の存在でしかない日本女性。これを何とかしなければいけない。女性の権利をはっきり掲げねばならない。

私は、抜き書きしたものを整理し、女性の権利に関するものを事柄別に分けた。まず、男女は平等でなくては……。財産権は当然。教育、職業、選挙権に関する平等。これは、独身であっても、妻であっても同じ。妊娠中や子だくさんのお母さんの生活の保護。病院も無料にならないと…、これは子供にも適用すべきだ。婚姻も、親ではなく自分の意思で決められるように……(2)。

私は、「男性も女性も人間として平等である」をキーワードに据えたらよいことに気づくとすぐにタイプに向かった。(3)

ベアテさんは、当時の日本の民法（家父長制、法としての家制度）にも目を通して憲法に規定すべき事項を考えた。

ベアテ原案には、ＧＨＱ草案二十三条（のちの二十四条）以外にも女性のための多くの条文が盛り込まれていた。例えば、以下のものがあった。

「妊婦と乳児の保育にあたっている母親の保護、公的援助の保障」「非嫡出子の差別の禁止」「長子単独相続権の廃止」「子どもへの医療の保障」「児童労働、児童搾取の禁止」「就労への権利、最低生活保障」「女性の就労の権利及び政治的地位へのアクセスの保障」「男女同一賃金」「社会保障の権利と国家の国民を守る義務」(4)など。これらは、のちに二十五条などの社会権として整理されたものもあるが、現在でも実現されていないものが少なくなく、その先進ぶりがうかがえる。

ベアテ草案は、「家庭は、人類社会の基礎であり、その伝統は、善きにつけ悪しきにつけ国全体に浸透する。それ故、婚姻と家族とは、法の保護を受ける。婚姻と家族とは、両性が法律的にも社会的にも平等であることは当然であるという考えに基礎を置き、親の強制ではなく相互の合意に基づき、かつ男性の支配ではなく両性の協力に基づくべきことをここに定める。これらの原理に反する法律は廃止され、それに代わって、配偶者の選択、財産権、相続、本居の選択、離婚並びに婚姻及び家族に関するその他の事項を、個人の尊厳と両性の本質的平等の見地に立って定める法律が制定されるべきである」[5]との見地に立っている。これらの考え方が、二十四条に結実した。

二十四条でベアテさんが廃止すべきとした当時の家制度は、天皇を頂点とする家父長制度を家族集団にあてはめ、天皇制の基礎としたものだった。当時の政府は日本中にミニ天皇制を行き渡らせた。軍隊は言うまでもなく、職場、学校などあらゆるところがミニ天皇制で組織されていた。家族はその中心だった。幾重にも入れ子になった天皇制社会は人が人を支配することで成り立っていて、戦争をするための思想と体制の構築に必須だった。二十四条によってこれを廃止することは、天皇制社会の廃止になると保守的な人々からは反対されたが、国の基本原理がまったく異なるものになるので、それは当然の転換だった。

戦前・戦中を通じて家族は、兵士と労働者の供給源であった。「産めよ増やせよ」と資源としての人間の製造が強制され、それを可能にしたのが家制度だった。戦争を遂行するのにふさわしい人間、社会と国家の役に立つ人間を家族のなかで養成することが求められた。その強制の対象はいうまでもなく女性だった。家制度のもとでは、女・子どもは男性の下に置かれていた。

母は兵士を育てて国に差し出す任務を負わされた。そのためには泣かない母が必要であり、息子の出征に泣く母や息子が生きて帰ることを求める母は「非国民」扱いであった。

家族の役割を徹底するために、政府は、教育を手段として家族道徳に介入した。一九四二年、文部省社会教育局は「戦時家庭教育指導要綱」を公表した。「戦時下の家庭教育政策で問題とされたのは、いかに母親を戦時体制へ動員するかという点であった。家庭教育が国家統制の支配的秩序に組み込まれたことで、母親は戦時動員の対象として前面におしだされることになった」[6]。後述する自民党による「家庭教育支援法案」は、この時代に戻ろうとしているのかと思わされる。

憲法改正議会（一九四五年に公職選挙法改正で女性も参政権を獲得し、女性議員が参加した）での議論の重要事項の一つは二十四条だった。二十四条は、それまでの家父長制下の家制度を法的に否定しさるものだった。

民主主義社会の基礎となる家族

家制度は、男性が女性を支配（法的にも事実的にも）するものだった。前述のように二十四条はこの制度を完全に否定して、民主主義社会の基礎を打ち立てる要として重要である。いまでは、二十四条のそのような意義についてさほど注意が払われていないようだが、制定から間もない頃（一九五三年）にはそのことを自覚した憲法学者が解説を書いていた。そこでは、二十四条の目的としたこと（ベアテさんが起草時に考えたこと）は、家制度との明確な決別だったことを確認している。

わが国においては、旧憲法の下にあって……、私人としての私生活においては、封建的大家族制度の残存である道徳風習に支配され、これを法律までが支持していた結果、個人の尊厳と平等とが無視されがちであった。……従来の民法では家を中心とする家族主義の観念から、家長である戸主に家を統率するための戸主権を与え、婚姻も家のためとの思想があって、戸主や親の同意が要件とされ…た。それに対して、本条（二十四条）が婚姻の自主性を宣言し、個人を自己目的とする個人主義的家族観に基づいた、家族生活の法律的規整を要求したことは、従来の封建的家族主義への法律的支持をはずし、国民に新しい家族道徳を樹立する自由な基盤を与えることによって、民主主義の根底を固めようとする点で大きな意義がある。……本条は、家族における個人の尊厳と両性の平等を要求し、封建的家族制度における家のため、男子のための拘束から、個人特に婦人を解放することを目的とする。この点で、第十三条の個人尊重及び第十四条の法の下の平等の立法を通じての私人間の身分関係、家族関係における発現に他ならないともいえる。それだけに又本条は、国民にとって消極的な自由権的人権を保障する。(7)

この考え（当時としては、権威ある憲法解説書）を否定し、戦前・戦中の家制度的な家族関係に戻すことが、自民党改正草案の目的であることは明らかである。二十四条の否定は戦後の民主主義社会そのものの否定である。

家制度の時代とは異なり、現行二十四条のもとでの家族の関係は、夫婦だけではなく、子どもを含めて構成員がそれぞれ個人として対等・平等であるとされている。十三条と十四条が示す個人を大事にする人間の関係を家族のなかに展開したものである。これは、また家族内での暴力的・支配的関係のきっぱりとした否定であり、DV（ドメスティック・バイオレンス）や子ども虐待とは対極にある関係である。私自身についていえば、DV問題に向き合うようになって、あらためて二十四条に出合い直した。暴力との対決の鍵がそこにあったのだ。

このような二十四条の基本的性格のために、過度の個人主義と男女平等の家族関係は日本の伝統に反するなど、制定当初から一貫して憲法改正論議の中心的テーマの一つとされてきている。家族という身近な関係のなかでの個人主義や平等は、男性優位の仕組みのなかで利益を得てきた保守的な人には最も忌むべきものかもしれない。二十四条によって女性は解放感を味わった。日常生活の場で個人として生きることが肯定されたのだから、女性にとっては大きな喜びであり、人生の一大転換であった。もっとも、多くの男性にとってみれば、女性が感じたほどの感動はなかったかもしれない。彼らは女性と違って家制度のもとでも人間として認められていて、二十四条によって家族内での支配権を失うことはあっても、新たに得るものはなかったかもしれないからだ。実は、このことが多くの男性憲法学者が二十四条を教科書で取り上げない理由かもしれないと、私は憶測している。驚くことに、多くの憲法の教科書では二十四条の独立した解説がなく、十三条と十四条を家族関係に及ぼしたと脚注でふれているという扱いだ。権威ある憲法の教科書（芦部信喜などによるもの）でさえ、直接二十四条にふれていない。これは多くの法学部生が読む教科書であり、法律家であっても二十四条が関心の対象外になっている場面に出合うことの理由はここにあるのではないだろうか。女性の憲法学者の教科書ではさすがに詳しく解説しているようだが、憲法学の研究者は圧倒的に男性が多いことと関係があるのかもしれない。私は、家族法学者であれば二十四条の積極的評価があるのではないかと調べてみたが、そうでもなかった。日本の法学の縦割り傾向（自分の専門分野以外にはほとんど詳しくない）のなせる業かもしれない。

この状況が示すことは、二十四条の恩恵が女性と男性では明らかに違っていたということではないかと考えている。

家族は「女・子ども問題」のにおいがするテーマかもしれない。ベアテさんは、「女・子ども」

とくる考え方を批判していた。かつての労働省には「婦人少年局」という部署があったことも何か共通する発想法かもしれない。これははっきりと「女・子ども」といっているわけだ。

さて、護憲運動をしてきている人たち（特に男性）の間でも、二十四条が九条ほどには人口に膾炙されていないのは、日常生活の実態は家制度のままだったこととも関係しているのかもしれない。ちなみに、一九四七年八月に当時の文部省が中学一年生の社会科教科書として出した『あたらしい憲法のはなし』(8)にも二十四条の解説はない。戦後も相当の期間、一家の中心は男性であり、性別役割分業が行き渡った生活では、男女の序列が厳しく存在していた。憲法はまったく別の理念をもつものになったが、人々の日常生活はどれだけそれを受け入れたのだろうか。

昔、国語学者で憲法を暮らしに活かす運動を草の根でしていた寿岳章子さんが言っていたように記憶するが、「サラリーマンは会社では社会党（あるいは共産党）、家に帰れば自民党」という言葉があった。なかなかうまい表現だと私は感じ入った。結婚するときに夫の姓を選択する夫婦は、いまだに九六％程度である実態もこれを示しているのではないだろうか。二十四条は家制度と男性支配の廃止を定めたが、昨日から今日、明日へと続く実際の生活は家制度的なものに密着して構成されていて、そのなかでの普及と実践は容易ではなかったということだろうか。日々の生活は、法律が変わったからといって簡単には変わらないことを示している例でもあるだろう。そのような二十四条であってもこのままでは「邪魔」という評価をしたのが、自民党の改正草案である。

2　自民党憲法改正草案での二十四条の問題

日本政策研究センターと自民党の改憲案

まず、日本政策研究センターの改憲案を見てみよう。『これがわれらの憲法改正提案だ』[9]と銘打った本がある。この本では、改正テーマとして、自民党の二十四条改正草案では不十分であり、「家族保護条項」の必要性を強調している。

憲法に「次世代を育成する」家族条項を、として、改正反対論への反駁や家族を否定すれば個人の基盤も壊れると論じている。家族構成員に着目しての個人主義は否定され、パッケージとしての家族の保護が強く論じられている。

他方、自民党憲法改正草案（二〇一二年四月二十七日決定）の内容は以下のとおりである。はじめに現行二十四条を示したので、改正草案と比較してみてほしい。

現行法

一項：婚姻は、両性の合意のみに基づいて成立し、夫婦が同等の権利を有することを基本として、相互の協力により、維持されなければならない。

二項：配偶者の選択、財産権、相続、住居の選定、離婚並びに婚姻及び家族に関するその他の事項に関しては、法律は、個人の尊厳と両性の本質的平等に立脚して、制定されなければならない。

改正草案
一項：（新設）家族は、社会の自然かつ基礎的な単位として、尊重される。家族は、互いに助け合わねばならない。
二項：婚姻は、両性の合意に基づいて成立し、夫婦が同等の権利を有することを基本として、相互の協力により、維持されなければならない。
三項：家族、扶養、後見、婚姻及び離婚、財産権、相続並びに親族に関するその他の事項に関しては、法律は、個人の尊厳と両性の本質的平等に立脚して、制定されなければならない。

現行法は一項と二項しかないが、改正草案は新設一項があり、全体は三項までになっている。

改正草案が意味するところ

新設一項前段は、個人ではなく、家族尊重規定を置くことで、現行憲法の個人主義の否定を明確にしている。
改正に関する自民党のQ＆Aでは、二十四条の改正趣旨を「家族は、社会の極めて重要な存在ですが、昨今、家族の絆が薄くなってきていると言われていることに鑑みて二十四条一項に家族の規定を置いたものです[10]」と説明している。しかし、特にそれを基礎づける事実やデータを示しているわけではない。

個人の尊重の基盤である思想を表す「婚姻は、両性の合意のみに基づいて成立し」という文言から核心部分である「のみ」を削除している。この改定は、現行二十四条を知っていなければ気がつかないかもしれない一見小さな、しかし、重大な改悪である。

家制度下の結婚が多くの場合、女性の意思を無視しておこなわれたのは、家制度維持のために家族や家長らの意思のほうが当事者の意思よりも重視されたからである。女性は、家のために自分の意思とは関係なくても「嫁にやられる」「嫁にもらわれる」ものであった。この表現自体が、「嫁」は結婚の主体ではないことを表している。本人以外の誰かによって「やられる」もの「もらわれる」ものである。

結婚は、当事者の幸せや愛情の問題ではなく、家父長制のもとでの「家」の存続に不可欠なことであり、女性は家の存続のために、男子を産む義務があった。「のみ」とたった二文字だが、これがあるのとないのとでは大違いである。なくなれば、当事者以外の人の力や意思が割り込んでくることができる。家制度はそのようにして存続してきたのだ。

改正草案は、十三条についても、個人の尊重原理を「人として尊重」に切り下げている。個人は、人権獲得の歴史的意味がある概念である。改正草案十三条では基本的人権の制約原理を「公益及び公の秩序」へ拡大している。

家族の尊重は、共同体（パッケージ）としての家族を国家が保護することで個人の尊厳（最も重要な憲法価値）や両性の本質的平等（男女平等、夫婦同権）の保障を後退させる。共同体が基礎的な単位とされることは、そのなかの個人は単位ではないことを表す。個人はそれ以上分割できない最小単位であるから individual と呼ばれるが、共同体と観念することでそれ以上分割できないはずの個人の存在が消える。家族共同体には個人が存在しないから、個人の人権も存在しないし、そこにある暴力も見えなくなってしまう。家族共同体という認識が、家族のなかでの暴力を見えなくする。ここでいう「暴力」とは、身体的・精神的・性的などの意味で他者を支配する力をいう。

この改正草案には「家族」の定義規定がない。現在の家族の実態からすれば、家族の形はさまざまであり定義できないことを反映しているとも考えられるが、むしろ尊重されるべき家族を恣意的に選別できるのではないか。法律婚、嫡出子をもつなど、この改正草案が理想とする家族のあり方がそこには反映されるだろう。旧民法では、家族の定義は民法にあった。家制度を制度として機能させるには必要だったからだが、家制度を廃止したので、現行民法にはそもそも家族の定義はない。

新設一項後段は、家族内での扶助義務を規定している。現行民法にはすでに、一定の家族間での扶養義務規定がある（民法八百七十七条、八百七十八条、八百七十九条）。現行民法のように扶養を個人と個人の権利義務関係ではなく、共同体のなかでの責任に転換するもののようだ。縦関係の「家族」とその家族間の「相互扶助義務」を規定している。改正草案が重視する家族は、家制度下のそれのように縦に連続する家族であるからだ。なお、現行民法七百三十条は親族間の扶《たす》け合いとして「直系血族及び同居の親族は、互いに扶《たす》け合わなければならない」という規定をもつが、これは刑法学者・牧野英一の強い意向で規定された経緯があり、具体的扶養義務規定が別途設けられていることから、意味のない規定であるというのが通説である。

改正草案二十五条では一項・二項ともほぼ現行二十五条と同じ規定だが、改正草案二十四条の次にくる二十五条は現行法とは意味が違ってくるだろう。現在でも二十五条による生活保護は、親族間の扶養がされないことを前提にしているが、改正草案二十四条のもとでは当然に親族間の扶養が前提となる。それだけ、憲法上の権利としての社会保障が後退することになる。いまでも軍事予算の拡大に押されて生活保護は切り下げが続いていることを見れば、改正草案二十四条と二十五条が生み出す社会は国民・市民の権利の縮小をもたらすことが容易に予測される。

ところで、家族内相互扶助は、現在の家族の規模との関係からは非現実的であることが明らかだ。二〇一〇年の国勢調査で最多の家族のかたちは単独世帯（三二・四％）である。一五年十一月に「一億活躍国民会議」がまとめた「緊急対策」では、「家族の支え合いにより子育てしやすい環境を整備するため、三世代同居・近居の環境を整備する」とあるが、同じく一〇年の国勢調査では、三世代の世帯は、一般世帯総数の七％だった。〇〇年には一〇％だったから家族の規模は小さくなってきている。いまでは、三世代同居ができるような広い家に住むことがもはや非現実的な住宅事情にある。

しかし、政府は三世代家族が大好きなようで、Ｊアラート（全国瞬時警報システム）に関する内閣府のウェブサイトのトップのページは、にこやかな三世代家族の図だ。古き良き時代への郷愁はともかく、現実の国民の生活はそこにはない。仮に、憲法を変えたとしても国民の現実生活を強制的に変えることはできない。

次に二項は、「のみ」の削除で、当事者以外の人の介入が許されることになる。家制度下の結婚のようにである。すでに地方自治体や企業では、少子化解消などの掛け声のもとに「婚活」が盛んにおこなわれている。個人の生き方の問題である結婚が国家目的の下に置かれるかもしれない。近年、ようやく社会的に認知されてきた性的少数者や事実婚の人たちは最初から埒外で、異性愛者だけの社会しか考えられていない。さらに言えば、ここで考えられている結婚は、異性愛者の法律婚だろう。人口増への欲求は、「産めよ、増やせよ」の世界の再来だといえる。この改正草案を知ってか知らでか、最近は親同士による婚活が盛んになっているという報道もある。結婚に興味を示さない、あるいは多忙な子どもに代わって、親同士がまず見合いをするというものだ。当事者の意思に何かを加えることが憲法で許されることになれば、親の意思による結婚が復活するのではないか。現行二十四条が、当事者中心の対等・平等な関係に基礎づけられた家族こそ、民主主義社会の基礎としたことと正反対の事態になるといえる。

そして改正草案の三項は、現行二項の「配偶者の選択、住居の選定」を削除した。二項から「のみ」が削除された結果である。配偶者の選択や結婚後に住む家の選定は、個人の尊厳と両性の平等に立脚する必要がないことになっている。現行規定は、当事者主義の当然の帰結だったが、それを削除すれば、こういうことになる。「住居の選定」にも当事者以外の人が介入しうる。家制度下での、戸主の婚姻への同意権の復活を彷彿とさせる。三世代同居の奨励との連動も考えられる。文頭に「家族、扶養、後見」を新たに置いたことは何を意味するのか。立法の際に重点を置くべきことの重要度が変わっていることが示されている。現行の「家族に関するその他の事項」が「親族に関するその他の事項」と拡大しているが、現行民法の親族の範囲が旧民法のままの広いものであることへの批判を無視したものである。

現行民法では扶養、後見も民法の規定として個人の権利義務関係とされているが、それを憲法上のものとして個人の権利義務であるという性質を変えるものとなっている。ここで構想されているのは、家制度下の家族の姿であることは明らかだ。男性が家制度下で支配力をもっていたことがよかった、正しかったという感情を超えて、憲法上の制度としての縦の人間関係に基づく家族のあり方が強制されてしまう。繰り返しになるが、女性たちはその重圧のもとで支配され人間であることを否定されてきたのだ。それを復活させることなど許されない。

二十四条改憲の先取り

第一次安倍晋三内閣以来、憲法改正に向けてさまざまなことが画策されてきた。その一つのやり方が、まずは法律を変えて憲法改正の先取りをすることだった。二十四条についてもそれが起きている。

①教育基本法の「改正」

二〇〇六年、第一次安倍政権下で教育基本法が改正された。教育基本法は、どのような次世代の人間を育てるのかについて定める重要な法律である。かつて、教育基本法は教育の憲法と言われてきた。実際の憲法改定に先立って安倍政権がおこなったのが、教育基本法を骨抜きにすることだった。改正された点で重要なのは、以下である。

十条一項：父母その他の保護者は、子の教育について第一義的責任を有するものであって、生活のために必要な習慣を身に付けさせるとともに、自立心を育成し、心身の調和のとれた発達を図るよう努めるものとする。

二項：国及び地方公共団体は、家庭教育の自主性を尊重しつつ、保護者に対する教育の機会及び情報の提供その他の家庭教育を支援するために必要な施策を講ずるよう努めなければならない。

「家庭教育を支援する」という言葉だけを見れば、特に問題を感じない人もいるかもしれない。しかし、この支援は「国及び地方公共団体」によっておこなわれる。「支援」という衣を着た介入に変化する危険は大きいと見なければならない。なぜ、国が私的な場面である家庭教育を支援する必要があるのか。家庭教育は、子どもをどのように育てるのか、どのような子に育てるのかという親の生き方、さらに言えば思想の問題である。そこに公が介入するとき、家庭教育を国の求める方向へ、内容へと誘導するのではないか。つまりは、国や社会が必要とする人材育成がもくろまれているのではないか。学校での道徳の教科化とも呼応しあって不気味だ。これは、のちの「家庭教育支援法案」の下地ともいうべき法律改正だったし、二十四条改正草案とも符合するものだ。

②「家庭教育支援」法案（仮称・修正・自民党案）

二〇一六年十月以降、政府の教育再生実行会議では、教育での「家庭の役割」がたびたび議論されていて、それを受けて自民党は「家庭教育支援法案」の提出を準備している。法案制定の意図は「子に国家及び社会の形成者として必要な資質」を備えさせることとしていた。のちに批判を受けてこの文言は削除されたが、意図が撤回されたわけではない。

この法案では、二十四条改正草案とのつながりが注目される。個人ではなく、共同体としての家族の存在の重要性を強調し、国に役立つ人間を育てる家庭の役割を定める。子どもは子ども自身のために生きるのであって、国に役立つ存在でなければならないというのは、不気味だ。敗戦まで、この国では国に役立つ存在は、国のために、天皇のために死ぬ人間だった。よりよく生きることの奨励ではなく、他のために潔く死ぬことが生きる目的だったという倒錯した社会だったことを思い出す必要がある。

さて、報じられている法案の内容は以下のようなものだ（修正自民党案は、「朝日新聞」二〇一七年二月十四日付）。「目的」（一条）として「同一の所帯に属する家族の構成員の数が減少したこと、家族が共に過ごす時間が短くなったこと、家庭と地域社会との関係が希薄になったこと等の家庭をめぐる環境の変化に伴い、家庭教育を支援することが緊要な課題になっていることに鑑み、教育基本法（平成十八年法律第百二十号）の精神にのっとり、家庭教育に関し、基本理念を定め、及び国、地方公共団体等の責務を明らかにする」としている。

「基本理念」には、「父母その他の保護者の第一義的責任において」「保護者が子に生活のために必要な習慣を身に付けさせる」「子育ての意義について理解を深め、かつ、子育てに伴う喜びを実感できるように配慮して行わなければならない」とし、それらの支援は「国、地方公共団体、学校、保育所、地域住民、事業者その他の関係者の連携の下に、社会全体における取組として行わなければならない」とある。対象になるのは、すべての家庭のすべての子育てである。

この法案は、本来自由な私的なことである子育てが、「支援」の名のもとで明白に国や地方公共団体、学校、地域住民などの家庭への介入を許す場になることを認めるものだ。子育ては、親子の生き方の問題であり、親子の思想・信条の問題である。そこに公権力が土足で入り込み、地域住民の名のもとに監視される。「支援」のためには、どのように子育てがおこなわれているかを観察(監視)することが必要になるだろう。安保法制法があり共謀罪がある社会での地域住民の監視は、戦時中の隣組活動を思い出させるもので恐怖でしかない。この法案は、憲法十三条、十九条、二十四条と九十八条に真っ向から対立するものである。

家族がともに過ごす時間が少なくなったのは、親が長時間労働に駆り出されているからであり、それの解消を図らなければならない、子育てに喜びを感じるか否かは親の個人的な精神面の話であり、国家から何に喜びを覚えるかをとやかく言われるのは筋違いだ。子育てに親が悩むのは事実としても、それはこの法案のような方法では解決できない。国や地方公共団体がおこなうべきは、子育てへの経済的援助などによる社会的条件の整備だ。待機児童問題さえ解決の目途も立っていないのに、監視と説教では子どもも親も新たな人権侵害にさらされるだけだ。

法案はいまのところ国会には提出されていないが、多くの人が知らない間に地方自治体での家庭教育支援条例作りが進んでいる。二〇一二年十二月の熊本県を皮切りに、一七年三月末現在では八県と五つの市で法案とほぼ同じ内容のものができている。熊本県のほかは鹿児島県、静岡県、岐阜県、徳島県、宮崎県、群馬県、茨城県などである。一八年三月には神奈川県藤沢市で条例制定を求める陳情が採択された。ほかにも陳情がおこなわれているという。自分が住む自治体のウェブサイトを点検してみたほうがよさそうだ。

3　夫婦別姓に関する最高裁大法廷判決の憲法二十四条論

民法七百五十条は、法律婚をするには、夫または妻のいずれかの氏を称すると定めている。したがって、別々の氏（日常用語「姓」の法律用語）を名乗ったままでの法律婚はできない。これは、戦前の家制度が「家」の名称を「氏」としていたことに由来していて、結婚は夫の家に入ることであり、妻は夫の家の一員として夫の氏を名乗ることが法律上求められていた。今日でも、法律婚の夫婦の九六％近くが夫の氏を名乗っていて、結婚のときに姓を変えるのはほとんどが女性である。女性が結婚とともに仕事を辞めるなどして社会生活から引退することが普通だった時代には、女性にとっての姓を変えることの不都合は意識されなかったし、結婚とはそういうものだと了解され、「なぜ、女性が姓を変えるのか？」という疑問もあまりもたれなかった。しかし、女性が結婚しても二十四条が言うように独立した個人として生きることが当たり前の時代になると、女性が被るさまざまな不利益・不便が見えるようになってきた。
そこで、原告の女性たちは、民法七百五十条は、憲法十三条、十四条と二十四条に違反するとして、国に対して損害賠償を求める裁判を二〇一三年に東京地裁に起こし、一、二審の敗訴の後に待たれた最高裁判所の判断だった。これは、別姓に関する最初の最高裁判断ということで社会的にも大きく注目された。判決翌日の朝刊は、多くの紙面を割いて関連記事を載せた。結論は、原告敗訴だった。

最高裁十五人の裁判官のうち、女性三人を含む五人の裁判官が憲法違反の意見だった。三人以外の二人の男性はいずれも弁護士出身だった。その一人、山浦善樹裁判官は違憲であることに加えて損害賠償も認められるべきとした。三人の女性裁判官はいずれも婚姻の際の改姓を経験していて、同氏強制による不利益の実態を知っていると思われる。判決は二十四条一項は「婚姻をするかどうか、いつ誰と婚姻をするかどうか、については、当事者間の自由かつ平等な意思決定に委ねられるべき」という趣旨を明らかにしたものという判断を示した。自民党改定案の「のみ」削除への批判と受け止めることができるだろう。

しかし、問題もある。次のように家族は氏を同じくするものと説明している。「氏は家族の呼称として意義があるところ、現行民法の下においても、家族は社会の自然かつ基礎的な集団単位ととらえられ、その呼称を一つに定めるには合理性が認められる」。氏は、判決も指摘するように一八九八年（明治三十一年）に法制度として採用されたもので、その後もそのまま使われてきていて社会に定着してきているが、法律婚をするには同一氏とするしかないので、やむなくそのままになっていたのではなかったか。氏は家制度下の家族の呼称だったのだが、それを理由に「家族は社会の自然かつ基礎的な集団単位」として別姓を認めないことを容認している。この考えは改正草案と同じで、家族を構成する個人の存在との関係はどうなるのか。家族構成員の対等と平等は、ＤＶや子ども虐待などの家族内の暴力を根絶する鍵であるはずだ。以下の見解も問題ではないだろうか。

婚姻の重要な効果として夫婦間の子が夫婦の共同親権に服する嫡出子となることがある。家族を構成する個人が、同一の氏を称することにより家族という一つの集団を構成する一員であることを実感することに意義がある。[11]

「氏」は家制度につながるものであるから、一つの家族に一つの氏という構造は、実は憲法の個人主義とは相いれないはずではないか。憲法と家族法との整合性は、民法改正の際に十分な議論がされなかったのではないか。もっとも、そのときの社会に存在していた家族は実態的には家制度下のそれであるから、国民も結婚にあたって妻が夫の氏に変更することには違和感はなかっただろう。同じ氏を名乗っていないと家族の構成員であることを実感できないというのは、事実婚家族を見れば思い込みであることがわかる。

一方、別姓が強要されることは憲法違反であるという新しい裁判が起こされていて、次の判断が待たれる。新しい裁判は、夫婦別姓を希望する人が現在の婚姻制度から排除されていて、夫婦別姓を希望するという夫婦のあり方と生き方に関する自己決定に委ねるべき事項が差別されているという主張で、憲法十四条・二十四条と国際人権規約違反（自由権規格および女性差別撤廃条約）を根拠にしている。二〇一八年二月二十三日付の「東京新聞」は社説で選択的夫婦別姓に関して人々の抵抗感が薄らいでいるという内閣府の調査結果を紹介し、特に男女とも若い世代での賛成割合が上がっているという。結婚年齢に近い人の層で賛成派が増えていることは、注目される。

4　二十四条改正の目的はどこにあるのか

戦争に必要な人間

これは九条との関係で考える必要がある。憲法が定める平和主義、平和的生存権は九条に支えられているが、戦争をしない国であり続けるには、戦争に加担しない人間の存在が不可欠だ。逆に言えば、戦争準備にはそれにふさわしい人間が必要ということだ。戦争の反省から生まれた憲法には、二度と戦争をしないための手立てが盛り込まれている。二十四条もその一つだ。二十四条が育てる人間は、個人を大事にし他人との平等な関係を育む戦争にもっとも不向きな人間である。二十四条が戦争に不向きな人間を育てるのだから、二十四条があっては困るのだ。

過去の戦争を見ても、戦争をするには、兵士はもちろんだが、戦争を応援する、支持する多くの普通の国民の存在が欠かせないことがわかる。かつての軍国少年・少女だった人々の述懐に接すると、そのことが実感される。これらに接するまでは、戦争は政府と軍部がおこなうものというイメージが私にはあった。普通の国民は、被害者としてしか見えていなかった。国民が積極的な加害者だった事実は受け入れがたいものだが、同じ過ちを繰り返さないためには、それを直視しなければならない。政府と軍部は確かに戦争をおこなうに不可欠のものだが、彼らの政策に喜んで賛同する多数の国民の存在なしには戦争は起こせないのだ。笛を吹けば踊る普通の国民の存在がなければ、戦争は遂行できない。先の戦争では、政府と軍部が吹く笛に多くの国民が踊っただけではなく、自ら太鼓をたたいて先頭に立った国民がいたという事実があった。

軍国少年だった映画評論家・佐藤忠男の『草の根の軍国主義』[12]はそのことを教えてくれる。以下のように書かれている。

どうやら日本の軍国主義は、われわれ日本人の多数の途方もないほどの従順さによってこそ支えられていたと言わざるを得ません。警察国家だったからと言っても、日本の警察は国中に強制収容所を作って不平分子を押し込むほど巨大ではなかったのです。われわれは実に従順であり、我慢づよく、さらには大いに付和雷同的でした。あの侵略的な軍に大いに喝采していたのです。軍と半ば一体化し、だから軍がまいったときには国民もまいったのです。残念ながら軍国主義は一部の軍国主義者たちだけのものではなく、草の根の広がりと深さを持っていました。[13]

国民の強い支持がなければ実は戦争ができなかった、という当たり前のことを苦い経験から語っている。

庶民が戦争にどう関わったかということを分析した書物に歴史学者・吉見義明の『草の根のファシズム』[14]がある。兵士としてアジア各地の戦場へ駆り立てられたごく普通の農民、工員、教師、会社員などの市民が何を考え、どう行動したのかを、残された手紙、日記、従軍記録などから構成したものである。ある兵士は、小隊長が捕虜の首を切るのを見物した。小隊長が切り損ねて、首がなかなか落ちない。やっと捕虜が死んだのを見てみんな「ホッとした」と従軍記録にある。[15]普通の市民がどのようにして殺人者になれるのか、しかも、それはきわめて強く自他ともに肯定されている。戦争という状況下で、普通の人間がどれだけ残虐になりうるのかの証拠である。

同じことが平時に起きれば犯罪として最大の非難が向けられる。しかし、戦争を鼓舞した草の根のファシズムは、社会に広い裾野をもっていて、全国民的に殺人も強姦も強盗も褒めたたえられた。当時の国民は天皇制の厳しい抑圧の下にあり、情報もなかったし、抵抗の手段もなかった。とはいえ、進行している戦争の実態を知ることができれば、抵抗できたのだろうか。

戦争と普通の国民の関係——戦争中・戦前から学んだこと

①戦争に参加しない個人を育てる

戦争をさせないためには、普通の人が戦争に参加しない個人となることが最も重要だ。「個人」の存在がきわめて大切である。十三条（個人の尊重、生命・自由・幸福追求の権利の尊重）「すべて国民は、個人として尊重される。生命、自由及び幸福追求に対する国民の権利については、公共の福祉に反しない限り、立法その他の国政の上で、最大の尊重を必要とする」がどれだけ一人ひとりの身に付いているのかが問われる。そういう個人は二十四条の家庭で育てられるのだ。

②普通の人が殺人者に改造される可能性

普通の人を人殺しができる人間に十二週間で「改造」する機関にアメリカの海兵隊ブートキャンプがあるが、その訓練の模様を映したドキュメンタリーフィルム『ONE SHOT ONE KILL』[16]がある。

殺人者にする鍵は、「個人であること」を捨てさせることである。訓練のポイントは、「私」であることにつながるものをすべて剝ぎ取ることだ。髪形は自分の好みやアイデンティテイを示すものだが、高校を出た十八歳の若者たちはバスでキャンプに着くとすぐに女子を除いて丸坊主にされる。「好み」が許されない世界に投げ込まれたことを衝撃的に思い知らされる。Iやmeという言葉も禁止される。「自分のことはThis recruitと言え！　返事は、Yes,Sir!と叫べ！　声が小さい、叫べ！」と怒鳴る教官に対して「Yes, Sir!」と叫ぶ若者の声が重なる画面を見ていて納得させられる。

③戦争がいまももたらしている被害の実態を知ること

日本では、アジア・太平洋戦争での被害経験は風化されつつある。しかし、それは決して昔のことではないことを、常に戦争している国アメリカで現在起きていることから学ぶことができる。

デビッド・フィンケルによる記録『帰還兵はなぜ自殺するのか』[17]がそれを教えてくれる。著者は、「ワシントン・ポスト」の記者を二十三年間務めたジャーナリストである。「ワシントン・ポスト」

を辞めて、イラク戦争での兵士を取材するためにバクダッドで一年間兵士と生活をともにして、ルポルタージュを書いた。帰国後、兵士たちから、日常にすんなり戻れないことや精神的なダメージを受けて苦しんでいることを聞き、「私の仕事は半分しか終わっていない。戦争の後を取材しなければならない」と兵士やその家族、ペンタゴン（アメリカ国防総省）の上層部、医療関係者にいたるまで丁寧な聴き取りをおこなった。

現代の戦争が勝者にも容赦なく、治癒しがたい「被害」をもたらすことを報告している。アメリカではアフガニスタンやイラクに送った兵士が二百万人、そのうち五十万人がPTSD（心的外傷後ストレス障害）やTBI（外傷性脳損傷）に苦しんでいる。「彼らは、爆弾の破裂による後遺症と、敵兵を殺したことによる精神的打撃によって自尊心を失い、悪夢を見、怒りを抑えきれず、眠れずに薬物やアルコールに依存し、うつ病を発症し、自傷行為に走り、ついには自殺を考えるようになる。そうなったのは自分のせいだと思い、自分が弱くて脆いからだと思っている」。ペンタゴンも高度に進んだアメリカ医学も、彼らを治療することができない。(18)

二十四条を手がかりに戦争しない個人になるために

①暴力で他人を支配しない人間関係を築くこと

私に関して言えば、本書二一六ページに書いたようにDVや性暴力犯罪の被害者との多くの出会いから、暴力は支配・非支配関係が生み出すことを学んだ。

現実の力関係に大きな差があるところでは、人は相手を支配することが許されると思ってしまう。

支配の条件（力関係の差）が何かを理解し、それを崩さなければならない。男女の間の場合は、この社会にある男女の差、経済的・政治的・社会的な差である。この社会で「女」として存在することに必然的に伴う不利な立場、それを生み出すものは何かを知る必要がある。

男女の賃金差別や、非正規労働者の六〇％は女性であることなどの経済的な格差が基本にある。一九四六年の初めての衆議院議員選挙のとき女性議員の比率は八・四％だったが、二〇一七年になっても一〇・一％でしかない。女性議員比率の世界平均は二三・三％という低さだが、日本はさらにその半分にも達していない。このことが示す日本は百九十三カ国中百六十三位という政治的な格差、意思決定機関にいる女性の少なさなどの社会的な格差がある。例えば女性管理職の割合は、一七年では平均六・九％でしかない、あるいは弁護士界での女性比率は一八・六％（二〇一八年三月一日現在）でしかないという事実がある。男女の間での支配・被支配の関係は、社会構造（女性差別を基本とする）が生み出すものであることがわかる。

ちなみに二〇一七年の世界男女平等ランキングでは、日本は百四十四カ国中百十四位（政治、経済、教育、健康の四分野での比較）だった。この状態は、男女が平等であることをうたう憲法からはおよそ遠く、支配の構造を生み出し支えているが、原因でもあり差別の結果でもある。

②究極の暴力は戦争であり、戦争の究極の目的は殺人である

ＤＶなどの女性に対する暴力は、この支配・非支配の構造（家父長制の基本構造）が生み出す。日常生活で被害を無視されたり、救済されない暴力を放置しておくことは、大きな暴力（戦争）の

容認にいたる。例えば、DV被害者がきちんと守られること、「いじめ」を見過ごさないで対応することなど、個人的に見える暴力に社会が毅然と対応することが必要であり、暴力は許されないという社会的合意の形成が急がれる。その合意が、戦争に狂喜する人間を生まないことに役立つはずだ。

③憲法二十四条が考えている人間の関係のあり方を見直し、実践する

支配・非支配関係でない夫婦・家族のあり方はどのようなものか。憲法二十四条の存在が再び重要になってくる。二十四条は、平和を作る基礎である。

現行二十四条が育む家族は、自他を尊重する独立した個人が構成する。家族内外の人間と対等な関係を取り結ぶことができる個人であること。自立して他者を尊重する思想をもったこのような人間であっても人殺しを強要される状況に追い込まれることがあるかもしれないが、人殺しを強要されれば自分の精神を大きく傷つけられる。殺人を犯した人間のその後の苦悩はアメリカの帰還兵の例が示している。日本のなかでは、沖縄を含めて戦争によるトラウマは隠されてきているが、きちんと向き合うことで戦争に向かわない力となりうる。

性別役割分業制度を乗り越えることも大事だ。性別役割分業制度は、男性に乱暴であること、暴力的であることを許し奨励している。家制度が確立している家庭での父や男の力によるほかの家族構成員への支配に、それが現れている。それらを「男らしさ」として許容してきている。これからは、分業ではなく、互いに尊重し合い、協力する関係を打ち立てる新しい文化の構想が必要だ。二十四条はその大いなる手がかりになるだろう。これには、男女ともに責任を負う。個人尊重や男女平等思想をしっかりと内面化した男性は、日常でセクハラのような暴力は振るわないだろうし、仮に兵士になっても「従軍慰安婦」を求めることなどありえない。二十四条が考える人間は、最も戦争に不向きなのだ。九条は、このような戦争に不向きでそれを拒否する力をもつ人間の存在によって内側から支えられているのではないか。

「誰の子どもも殺さない、殺させない」母の存在は、九条を支える。安保関連法に反対するママの会は、「靖国の母」との完全な決別を示すものだ。これこそが、二十四条の成果である。

九条違反の法制度（戦争・人殺しを正当な制度にする）には、それにふさわしい人間の存在が求められる。十三条と二十四条を改変する意図はここにあるのだ。

注

（1）ベアテ・シロタ・ゴードン、平岡磨紀子構成・文『一九四五年のクリスマス――日本国憲法に「男女平等」を書いた女性の自伝』柏書房、一九九五年、一二八ページ

（2）同書一五三ページ

（3）同書一五五ページ

（4）同書一六一ページ

（5）同書一五六ページ

（6）内田博文『刑法と戦争――戦時治安法制のつくり方』みすず書房、二〇一五年、一二〇ページ

（7）辻村みよ子『憲法と家族』日本加除出版、二〇一六年、一二二ページ
（8）文部省編『あたらしい憲法のはなし』実業教科書、一九四七年
（9）伊藤哲夫／岡田邦宏／小坂実、「明日への選択」編集部編『これがわれらの憲法改正提案だ――護憲派よ、それでも憲法改正に反対か？』日本政策研究センター、二〇一七年
（10）自由民主党憲法改正推進本部「日本国憲法改正草案Q＆A増補版」二〇一三年、一七ページ（https://jimin.ncss.nifty.com/pdf/pamphlet/kenpou_qa.pdf）［二〇一八年五月十一日アクセス］
（11）最高裁判所の判決から引用。
（12）佐藤忠男『草の根の軍国主義』平凡社、二〇〇七年
（13）同書八ページ
（14）吉見義明『草の根のファシズム――日本民衆の戦争体験』（「新しい世界史」第七巻）、東京大学出版会、一九八七年
（15）同書四二ページ
（16）『ONE SHOT ONE KILL――兵士になるということ』監督：藤本幸久、二〇〇九年
（17）デイヴィッド・フィンケル『帰還兵はなぜ自殺するのか』古屋美登里訳（亜紀書房翻訳ノンフィクション・シリーズ）、亜紀書房、二〇一五年
（18）古屋美登里「あとがき」（同書三八〇―三八一ページ）からの要約。

参考文献

スーザン・J・ファー「女性の権利をめぐる政治」坂本喜久子訳、坂本義和／R・Eフォード編『日本占領の研究』所収、東京大学出版会、一九八七年

川村俊夫『日本国憲法はこうして生まれた――施行七〇年の歴史の原点を検証する』本の泉社、二〇一七年

角田由紀子（つのだ ゆきこ）
1942年生まれ
弁護士
著書に『性と法律』（岩波書店）、『性差別と暴力』『性の法律学』（ともに有斐閣）、共編著に『比較判例ジェンダー法』（不磨書房）など

［著者略歴］
能川元一（のがわ もとかず）
1965年生まれ
大学非常勤講師
専攻は哲学、右派言説研究
共著に『憎悪の広告』（合同出版）、『海を渡る「慰安婦」問題』（岩波書店）、『右派はなぜ家族に介入したがるのか』（大月書店）など

斉藤正美（さいとう まさみ）
1951年生まれ
富山大学非常勤講師
専攻は社会学、フェミニズム・社会運動研究
共著に『国家がなぜ家族に干渉するのか』（青弓社）、『徹底検証 日本の右傾化』（筑摩書房）、『社会運動の戸惑い』（勁草書房）など

堀内京子（ほりうち きょうこ）
1972年生まれ
朝日新聞社記者
現在は経済部で、労働に関するテーマを中心に取材
共著に『徹底検証 日本の右傾化』（筑摩書房）、『ルポ 税金地獄』（文藝春秋）など
第４章 ©朝日新聞社, 2018

奥村典子（おくむら のりこ）
1978年生まれ
聖徳大学児童学部准教授
専攻は教育学、保育学、教育史
著書に『動員される母親たち』（六花出版）、共著に『保育原理』（みらい）、論文に「家庭教育振興政策における「学校教育一任の傾向」の問題」（「日本の教育史学」第52集）など

りむ よんみ
1964年生まれ
武蔵大学社会学部准教授
専攻は社会学、エスニシティ、移動・移住
共著に *Diaspora without Homeland*（University of California Press）、論文に “Korean Fan Dance for Fun”（*Ethnos: Journal of Anthropology*, 80（2））など

[編著者略歴]
早川タダノリ（はやかわ ただのり）
1974年生まれ
フィルム製版工などを経て、現在は編集者として勤務
著書に『「日本スゴイ」のディストピア』『「愛国」の技法』（ともに青弓社）、『神国日本のトンデモ決戦生活』（筑摩書房）、『原発ユートピア日本』（合同出版）など

青弓社ライブラリー93

まぼろしの「日本的家族《にほんてきかぞく》」

発行―――2018年6月27日　第1刷
定価―――1600円＋税
編著者――早川タダノリ
発行者――矢野恵二
発行所――株式会社青弓社
〒101-0061 東京都千代田区神田三崎町3-3-4
電話 03-3265-8548（代）
http://www.seikyusha.co.jp
印刷所――三松堂
製本所――三松堂

ISBN978-4-7872-3437-7 C0336